Die schönsten

Lebensweisheiten

für alle Anlässe und Gelegenheiten

Die schönsten

Lebensweisheiten

für alle Anlässe und Gelegenheiten

Glückwünsche, Leitsätze,
Merksprüche und Maximen
von A bis Z

Cormoran

Inhalt

Abschied

Freue dich nicht vor dem langsamen
Vorwärtsgehen, fürchte dich nur
vor dem Stehenbleiben.
AUS CHINA

Alle Menschen lassen ein wenig
von sich selbst zurück,
wenn sie weggehen.
DAVID ROCHFORD

Sei jedem Abschied voran,
als wäre er hinter dir,
wie der Winter, der eben geht.
RAINER MARIA RILKE

Es gibt keinen Abschied für die,
die in Gott geeinigt sind.
PAPST PIUS XII.

Wir müssen das Loslassen lernen.
Es ist die große Lektion des Lebens.
JULIE SCHLOSSER

Advent

Advent ist eine Zeit der Erschütterung,
in der der Mensch wach werden soll
zu sich selbst.
ALFRED DELP

Haltet in den dunklen Tagen
euer Herz bereit!
Tannen werden Lichter tragen,
und die leuchten weit.
RUDOLF OTTO WIEMER

Eine Gefängniszelle ist ein ganz guter Vergleich
für die Adventssituation; man wartet und hofft
und tut dies oder jenes – die Tür ist verschlossen
und kann nur von außen geöffnet werden.
DIETRICH BONHOEFFER

Alltag

Die wahre Lebensweisheit besteht darin,
im Alltäglichen das Wunderbare zu sehen.
PEARL S. BUCK

Einen Tag ungestört in Muße zu verleben,
heißt einen Tag ein Unsterblicher zu sein.
AUS CHINA

Wir sollten nicht vergessen, daß auch kleine
und kleinste Dinge zu den Kostbarkeiten gehören.
Vielleicht sind gerade sie die Kostbarkeiten.
MANFRED HAUSMANN

Ein großer Teil der Sorgen
besteht aus unbegründeter Furcht.
CARL HILTY

Die wesentlichen Dinge des Lebens kommen
nicht aus uns selbst, sondern auf uns zu.
ANONYM

Wenn man schlafen geht,
soll man die Sorgen in die Schuhe stecken.
AUS SCHWEDEN

Wir werden vom Schicksal hart
oder weich geklopft,
es kommt auf das Material an.
MARIE VON EBNER-ESCHENBACH

Ordnung ist das Festgewand des Alltags.
KARL FOERSTER

Held sein, eine Minute, eine Stunde lang,
das ist leichter, als in stillem Heroismus
den Alltag tragen.
FJODOR M. DOSTOJEWSKIJ

Geduld ist das Zugpferd der Hoffnung.
AUS SÜDAMERIKA

Man kann nicht leben,
ohne sich in Gefahren zu begeben.
GEORGE BERNARD SHAW

Unser Herrgott macht die Rechnungen
nicht jeden Sonnabend.
AUS ITALIEN

Gott kann gewöhnliche Ereignisse
so zusammenfügen,
daß sie zum Wunder werden.
PAUL MÜLLER

Das Leben ist nie etwas,
es ist nur die Gelegenheit zu etwas.
FRIEDRICH HEBBEL

Charakter wird gerade in den kleinsten und einfachsten Gewohnheiten des Lebens gebildet.
FRIEDRICH WILHELM FOERSTER

Wie viel wäre für die heutigen Zustände schon gewonnen, wenn wir nur alle jeden Abend drei Minuten lang sinnend zu den unendlichen Weiten des gestirnten Himmels emporblickten.
ALBERT SCHWEITZER

Das ist groß und schön,
von Kleinem glücklich zu werden.
JEREMIAS GOTTHELF

Gib der Seele einen Sonntag
und dem Sonntag eine Seele.
PETER ROSEGGER

Wenn es glatteist,
gehen die Menschen Arm in Arm.
JEAN PAUL

Die erste Morgenstunde
ist das Steuerruder des Tages.
AURELIUS AUGUSTINUS

Wenn man das Dasein als eine Aufgabe betrachtet,
dann vermag man es immer zu ertragen.
MARIE VON EBNER-ESCHENBACH

Das Leben ist kurz,
und seine Zeit verlieren ist eine Sünde.
ALBERT CAMUS

Jeden Morgen soll die Schale unseres Lebens
hingehalten werden, um aufzunehmen,
zu tragen und zurückzugeben.
DAG HAMMARSKJÖLD

Du muß jeden Tag auch deinen Feldzug
gegen dich selber führen.
FRIEDRICH NIETZSCHE

Der Welt demütig Dienste zu erweisen,
ist noch schöner als über sie zu herrschen.
ALPHONSE DE LAMARTINE

Das Leben besteht aus vielen kleinen Münzen,
und wer sie aufzuheben weiß, hat ein Vermögen.
JEAN ANOUILH

Heute ist das Morgen, über das wir uns
gestern Sorgen gemacht haben.
ANONYM

Zwischen dem Aufgang der Sonne
und der Abenddämmerung liegt die Freiheit,
die uns geschenkt wurde.
ANONYM

An etwas glauben heißt,
in jedem Augenblick damit rechnen.
FERDINAND EBNER

Jedesmal, wenn ich den tiefen Sinn der Welt
zu erfahren glaubte, war es seine Einfachheit,
die mich packte.
ALBERT CAMUS

Gott wohnt, wo man ihn einläßt.
Man kann ihn aber nur da einlassen,
wo man wirklich steht, da wo man lebt,
wo man ein wahres Leben lebt.
MARTIN BUBER

Betrachte immer die helle Seite der Dinge!
Und wenn sie keine haben?
Dann reibe die dunkle, bis sie glänzt.
ANONYM

Nie stille steht die Zeit,
Der Augenblick entschwebt,
Und den du nicht benutzt,
Den hast du nicht gelebt.
FRIEDRICH RÜCKERT

Die Freiheit besteht darin,
daß man alles das tun kann,
was einem andern nicht schadet.
MATTHIAS CLAUDIUS

Du weißt nicht, wie schwer die Last ist,
die du nicht trägst.
AUS AFRIKA

Wenn ich einen grünen Zweig im Herzen trage,
wird sich ein Singvogel darauf niederlassen.
AUS CHINA

Beerdigung, Trauer und Trost

Der Tod ist für den gläubigen Christen
ein Fallen in die Hände des lebendigen Gottes.
KARL RAHNER

Das letzte Hemd hat keine Taschen.
SPRICHWORT

Ich glaube, daß wenn der Tod
uns die Augen schließt,
wir in einem Licht stehen,
von welchem unsere Sonne
nur der Schatten ist.
ARTHUR SCHOPENHAUER

Zu dir hin hast du uns erschaffen,
und ruhelos ist unser Herz,
bis es zur Ruhe kommt in dir.
AURELIUS AUGUSTINUS

Trost gibt der Himmel.
Von den Menschen erwartet man Beistand.
LUDWIG BÖRNE

Über nichts kann der Mensch Herr werden,
solange er den Tod fürchtet.
Wer aber den Tod nicht mehr fürchtet,
dem gehört alles.
LEO N. TOLSTOI

Es steht geschrieben:
Ich glaube an ein ewiges Leben,
und nicht: an ein ewiges Schlafen.
ROBERT MÄDER

Vom Beginn deines Lebens an denke an den Tod.
Solange du lebst, lebe wie auf der
Schwelle des Todes, damit du wie auf
der Schwelle zum Leben stirbst,
wenn es dir zu sterben bestimmt ist.
JAN AMOS COMENIUS

Jedem steht sein letzter Tag bevor,
kurz und unwiderbringlich
für alle die Zeit des Lebens.
VERGILIUS MARO

Das Gold der ganzen Welt ist nicht imstande,
auch nur eine vergangene Minute zurückzuholen.
DOMENICO CAVALCA

Wer trösten will, muß lieben.
ROMANO GUARDINI

Man muß loslassen können,
wenn man abgerufen wird ...
Der Tod ist leichter,
wenn der Mensch loslassen kann.
FRIEDRICH DESSAUER

Traurige trösten heißt:
ihnen den Mantel der Geborgenheit umlegen.
ANONYM

Mein großes Gebet (ich schließe auch alle ein,
die ich liebe) ist, ein gutes Ende zu finden:
in irgendeiner Weise mit meinem Tod
das zu besiegeln, wofür ich immer gelebt habe.
PIERRE TEILHARD DE CHARDIN

Gottes Kraft geht alle Wege mit.
ALFRED DELP

Wenn auch die Menschen sterblich sind,
die ich liebe, so ist doch das unsterblich,
was ich an ihnen vor allem liebe.
FRANZ VON SALES

Ein glückseliges Leben
ist der Genuß der Gegenwart;
das ewige Leben ist die Hoffnung der Zukunft.
AMBROSIUS VON MAILAND

Plane und rechne nicht so viel; schon morgen
kann der Tod alles durchkreuzen.
ABRAHAM A SANTA CLARA

Man kann Weinenden nicht die Tränen abwischen,
ohne sich die Hände naß zu machen.
AUS SÜDAFRIKA

Wenn durch einen Menschen ein wenig mehr
Liebe und Güte, ein wenig mehr Licht und Wahrheit
in der Welt war, hat sein Leben einen Sinn gehabt.
ALFRED DELP

Ohne den Staub, worin er aufleuchtet,
wäre der Sonnenstrahl nicht sichtbar.
CARL SONNENSCHEIN

Ein Mensch, der nicht bereit ist,
für etwas zu sterben,
ist nicht reif für das Leben.
MARTIN LUTHER KING

Es liegt wenig daran, wie man geboren wird;
aber es ist viel daran gelegen, wie man stirbt.
CHRISTINE VON SCHWEDEN

Während ich glaubte, ich würde lernen,
wie man leben soll, habe ich gelernt zu sterben.
LEONARDO DA VINCI

Übersteigen wir den Tod,
indem wir in ihm Gott entdecken.
PIERRE TEILHARD DE CHARDIN

Eines ist an Gräbern immer spürbar:
daß man zuwenig geliebt hat, immer zuwenig.
RUDOLF PAULSEN

So dich aber nichts mehr zu trösten
vermag denn Gott, wahrlich,
so tröstet er dich auch.
DAG HAMMARSKJÖLD

Beruf und Arbeit

Nichts auf der Welt kann den Verlust
der Freude an der Arbeit wettmachen.
SIMONE WEIL

Manch einer weiß gar nicht, was in ihm lebt
und wessen er fähig ist, bis er angerufen wird.
ROMANO GUARDINI

Die Arbeit hält drei große Übel fern:
die Langeweile, das Laster und die Not.
VOLTAIRE

Nichts auf der Welt wird so gefürchtet
wie der Einfluß von Männern,
die geistig unabhängig sind.
ALBERT EINSTEIN

Wenn gute Reden sie begleiten,
dann fließt die Arbeit munter fort.
FRIEDRICH VON SCHILLER

Es siegt immer die Begeisterung über den,
der nicht begeistert ist.
JOHANN GOTTLIEB FICHTE

Hast du bei einem Werk den Anfang gut gemacht,
das Ende wird gewiß nicht minder glücklich sein.
SOPHOKLES

Wer nicht schon in der Arbeit Genugtuung findet,
der wird nie zur Zufriedenheit gelangen.
PETER ROSEGGER

Lust und Liebe zu einem Ding
macht die schwerste Arbeit gering.
AUS DEUTSCHLAND

Man kann seinen Beruf auch verfehlen,
indem man ihn ausübt.
KARL HEINRICH WAGGERL

Wer kein freundliches Gesicht hat,
darf keinen Laden aufmachen.
AUS CHINA

Gott gibt jedem Vogel seine Nahrung,
wirft sie ihm aber nicht ins Nest.
AUS HOLLAND

Sobald man in einer Sache Meister
geworden ist, soll man in einer
neuen Schüler werden.
GERHART HAUPTMANN

Vertrauen ist für alle Unternehmungen
das große Betriebskapital, ohne welches
kein nützliches Werk auskommen kann.
ALBERT SCHWEITZER

Nur die haben ein Recht zu kritisieren,
die zugleich ein Herz haben zu helfen.
WILLIAM PENN

Persönlichkeiten werden nicht
durch schöne Reden geformt,
sondern durch Arbeit und eigene Leistung.
ALBERT EINSTEIN

Wir sind leicht bereit, uns selbst zu tadeln,
unter der Bedingung, daß niemand einstimmt.
MARIE VON EBNER-ESCHENBACH

Wer ist Meister? Der was ersann.
Wer ist Geselle? Der was kann.
Wer ist Lehrling? Jedermann.
SPRICHWORT

Ideale sind wie Sterne:
Man kann sie nicht erreichen,
aber man kann sich an ihnen orientieren.
CARL SCHURZ

Wer sich allzu oft bückt, fängt an,
krumm zu gehen und zu denken.
AUS SERBIEN

Enttäuschungen sollte man verbrennen,
nicht einbalsamieren.
MARK TWAIN

An kleinen Dingen muß man sich nicht stoßen,
wenn man zu großen auf dem Weg ist.
FRIEDRICH HEBBEL

Wer die Welt erneuern will,
muß erst sich selbst erneuern.
ANONYM

Nie habe ich eine Arbeit kalt gemacht,
sondern immer gewissermaßen
mit meinem Blut. Das müssen die,
die sie sehen, spüren.
KÄTHE KOLLWITZ

Über das Herz zu siegen, ist groß,
ich verehre den Tapfern;
aber wer durch sein Herz sieget,
er gilt mir noch mehr.
FRIEDRICH VON SCHILLER

Von denen, die immer deiner Meinung sind,
kannst du nichts gewinnen.
MARIE VON EBNER-ESCHENBACH

Nur die Sache ist verloren,
die man aufgibt.
ANONYM

Verlange von Dir selber viel,
und sprich zu Dir: Ich will – ich soll!
Den andern aber hilf ans Ziel,
und sei im Fordern nachsichtsvoll.
HEINRICH HOFFMANN

Wer lächelt, statt zu toben,
ist immer der Stärkere.
AUS JAPAN

Die Eskalation aller Spannungen
beginnt mit der Verweigerung des Dialogs.
JULIUS KARDINAL DÖPFNER

Die Sprache ist die Quelle
der Mißverständnisse.
ANTOINE DE SAINT-EXUPÉRY

Das Geld, das man hat, verhilft zur Freiheit;
Das Geld, dem man nachjagt,
macht uns zu Knechten.
JEAN-JACQUES ROUSSEAU

Ein edles Beispiel macht
die schweren Taten leicht.
JOHANN WOLFGANG VON GOETHE

Klugheit steckt nicht in den Jahren,
sondern im Kopf.
AUS ARMENIEN

Es bildet ein Talent sich in der Stille,
sich ein Charakter in dem Strom der Welt.
JOHANN WOLFGANG VON GOETHE

Jene haben es gekonnt,
warum ich nicht?
ANTOINE DE SAINT-EXUPÉRY

Schreibe Kränkungen in den Sand,
Wohltaten in Marmor.
BENJAMIN FRANKLIN

Nichts bleibt weniger verborgen und
ungenutzt als zweckmäßige Tätigkeit.
JOHANN WOLFGANG VON GOETHE

Wenn ein Hund um nichts bellt,
bellen zehntausend andere aus vollem Halse mit.
AUS JAPAN

Nehmen Sie die Menschen, wie sie sind
– andere gibt es nicht.
KONRAD ADENAUER

Fang deine Arbeit munter an,
so ist sie auch schon halb getan.
FRIEDRICH RÜCKERT

Zwischen Gelingen und Mißlingen,
in Streit, Anstrengung und Sieg,
bildet sich der Charakter.
LEOPOLD VON RANKE

Der Mensch muß das Recht suchen
und das Glück kommen lassen.
JOHANN HEINRICH PESTALOZZI

Die Neider sterben wohl,
doch nimmer stirbt der Neid.
MOLIÈRE

Dem Neide wirst du entgehen,
wenn du verstehst, dich im stillen zu freuen.
SENECA

Nicht der heißt ein guter Mensch,
der eine gute Erkenntniskraft,
sondern der einen guten Willen hat.
THOMAS VON AQUIN

Der Mensch von heute liebt die Anpassung,
die goldene Mittelmäßigkeit.
Er kennt keine wirkliche Begeisterung,
keine echte Hingabe, keinen wirklichen Kampf,
keine wirkliche Liebe.
EUGEN ROSENSTOCK-HUSSEY

Am tüchtigsten sind,
die ruhig und mit Ausdauer tun,
was an der Zeit ist.
PAPST KLEMENS V.

In den Verallgemeinerungen steckt der Teufel.
GEORGES BERNANOS

Man kann nicht alles haben:
den Rahm und die Butter.
AUS NORWEGEN

Es ist nichts so klein und wenig,
woran man sich nicht begeistern könnte.
FRIEDRICH HÖLDERLIN

Es ist ein Zeichen von Schwäche,
wenn man sich nur durch Leistung erhält.
ERHART KÄSTNER

Man muß viel lernen, um zu erkennen,
daß man wenig weiß.
MICHEL DE MONTAIGNE

Es ist besser, ein Licht anzuzünden,
als über die Dunkelheit zu schimpfen.
AUS CHINA

Menschen wollen nicht belehrt,
Menschen wollen bestätigt sein.
WERNER BERGENGRUEN

Die Gelassenheit ist eine anmutige Form
des Selbstbewußtseins.
MARIE VON EBNER-ESCHENBACH

»Man kann nicht allen helfen«,
sagt der Engherzige –
und hilft keinem.
MARIE VON EBNER-ESCHENBACH

Man soll nie zuschauen, man soll Zeuge sein
und mittun und Verantwortung tragen.
ANTOINE DE SAINT-EXUPÉRY

Wer einen großen Sprung machen will,
muß einige Schritte zurückgehen.
ANONYM

Wer Menschen gewinnen will,
muß sein Herz zum Pfand einsetzen.
ADOLF KOLPING

Der allerelendeste Zustand ist:
nichts wollen können.
ERNST VON FEUCHTERSLEBEN

Du hast einen Menschen nicht überzeugt,
wenn du ihn zum Schweigen gebracht hast.
JOHN MORLEY

Der größte Feind des Rechtes ist das Vorrecht.
MARIE VON EBNER-ESCHENBACH

Wenn es sehr eilt, dann setz dich hin
und tue einen Augenblick gar nichts.
Es geht auch so.
LUDWIG KÖHLER

Wer hinter mehreren Hasen herläuft,
fängt keinen.
AUS GRIECHENLAND

Fürchte dich nicht vor dem
langsamen Vorwärtsgehen,
fürchte dich nur vor dem Stehenbleiben.
AUS HONGKONG

Viele Leute glauben, wenn sie einen Fehler
erst eingestanden haben, brauchen sie ihn
nicht mehr abzulegen.

MARIE VON EBNER-ESCHENBACH

Wie viele Fehler geschehen in der Welt,
weil man ohne Überlegung zu Werke geht.

TERESA VON AVILA

Fang nie an aufzuhören.
Höre nie auf anzufangen.

FRIEDRICH HEBBEL

Sich durchfragen ist besser
als sich durchschlagen.

AUS CHINA

Die Leute, die viel Wichtiges zu tun haben,
finden immer noch Zeit für andere.
Diejenigen, die ihre Zeit mit Nichtigem
verspielen, haben nie Zeit.

LUDWIG KÖHLER

Man bleibt jung, solange man noch lernen,
neue Gewohnheiten annehmen
und einen Widerspruch ertragen kann.
MARIE VON EBNER-ESCHENBACH

Ein Mensch ohne Phantasie
ist wie ein Vogel ohne Flügel.
WILHELM RAABE

Wir lernen die Menschen nicht kennen,
wenn sie zu uns kommen;
wir müssen zu ihnen gehen, um zu erfahren,
wie es mit ihnen steht.
JOHANN WOLFGANG VON GOETHE

Leben heißt, sich verändern.
Vollkommen sein heißt,
sich oft verändert haben.
JOHN HENRY NEWMAN

Seine Grundsätze soll man für die
wenigen Augenblicke aufsparen,
in denen es auf Grundsätze ankommt.
Für das meiste genügt ein wenig Barmherzigkeit.
ALBERT CAMUS

Die Phantasie ist die reichste Quelle
menschlicher Schöpfungskraft.
HARVEY COX

Mit einem Tropfen Honig
fängt man mehr Fliegen
als mit einem ganzen Faß voll Essig.
FRANZ VON SALES

Das Unglück ist eine Brutstätte
für falsche Probleme.
SIMONE WEIL

Viele Quellen sind mit dem
Flußlauf nicht einverstanden.
JEAN COCTEAU

Nichts erniedrigt den Menschen so
wie unedle Rache.
ABRAHAM A SANTA CLARA

Mit den Augen der anderen kann man
seine eigenen Fehler gut sehen.
AUS CHINA

Man hat einen zu guten oder
einen zu schlechten Ruf;
nur den Ruf hat man nicht,
den man verdient.
MARIE VON EBNER-ESCHENBACH

Es genügt mehr Mut dazu,
seine Meinung zu ändern,
als ihr treu zu bleiben.
FRIEDRICH HEBBEL

Pflichtgefühl ist nicht dasselbe
wie das Wahrnehmen von Verantwortung.
JOHANN HEINRICH PESTALOZZI

Unabhängig: Offen sein für das,
was auf mich zukommt.
ANONYM

Viel getan haben, heißt oft Undank ernten;
zuviel getan haben, heißt immer Undank ernten.
MARIE VON EBNER-ESCHENBACH

Freundlichkeit löst Schwierigkeiten.
VINZENZ VON PAUL

Vieles erfahren haben,
heißt noch nicht Erfahrung besitzen.
MARIE VON EBNER-ESCHENBACH

Die Menschen sind nicht weise,
weil sie Erfahrungen machen,
sondern weil sie aus ihren Erfahrungen lernen.
ANONYM

Wo deine Gaben liegen,
da liegen auch deine Aufgaben.
ANONYM

Besser mit der Hand an seine Brust schlagen,
als mit dem Finger auf andere deuten.
JOHANN MICHAEL SAILER

Tote Fische schwimmen mit dem Strom,
lebendige dagegen.
ANONYM

Widersprüche sind kein Zeichen von Schwäche.
ANONYM

Wirke auf andere durch das, was du bist.
WILHELM VON HUMBOLDT

Dank

Danken heißt, sich vor Gott hinsetzen
und sich freuen.
AUS AFRIKA

Es gibt im Grunde nur ein Gebet –
das Danken.
KARL FOERSTER

Dankbarkeit ist das erste und
letzte Gefühl des Menschen.
ADOLF KOLPING

Wer seine Pflicht tut,
ist ein treuer Knecht,
hat aber keinen Anspruch auf Dank.
OTTO VON BISMARCK

Du sollst dankbar sein für das Geringste,
und du wirst würdig sein, Größeres zu empfangen.
THOMAS VON KEMPEN

In den Brunnen, aus dem man getrunken hat,
soll man keinen Stein werfen.
AUS DEM TALMUD

Jeder von uns hat in tiefem Dank derer zu gedenken,
die Flammen in ihm entzündet haben.
ALBERT SCHWEITZER

Wer dankt, denkt weiter.
ANONYM

Je schöner und voller die Erinnerung, desto schwerer
die Trennung. Aber die Dankbarkeit verwandelt
die Qual der Erinnerung in eine stille Freude.
DIETRICH BONHOEFFER

Ich lege mich nie zu Bette, ohne zu bedenken,
daß ich vielleicht den anderen Tag
nicht mehr sein werde, und es wird doch
kein Mensch sagen können, daß ich im Umgang
mürrisch und traurig wäre.
Für diese Glückseligkeit danke ich
alle Tage meinem Schöpfer.
WOLFGANG AMADEUS MOZART

In Wirklichkeit gibt es nur eine einzige Arznei
gegen die Traurigkeit: den Dank.
IDA FRIEDERIKE GÖRRES

Dankbarkeit ist das Gedächtnis des Herzens.
ANONYM

Reich ist man, wenn man etwas hat,
das mehr ist als materielle Dinge.
INGEBORG BACHMANN

Erfolg und Erfüllung

Wer den Erfolg nicht sucht, der verpaßt ihn.
SPRICHWORT

Viele erkennen zu spät, daß man auf der
Leiter des Erfolgs einige Stufen überspringen kann.
Aber immer nur beim Hinuntersteigen.
WILLIAM SOMERSET MAUGHAM

Wen die Götter vernichten wollen,
den machen sie zuerst erfolgreich.
LATEINISCHES SPRICHWORT

Um hoch fliegen zu können,
muß man die Körner am Boden vergessen.
AUS PERSIEN

Wer keine Ziele hat, braucht sich um Wege
gar nicht erst zu kümmern.
ANONYM

Wende dein Gesicht der Sonne zu,
dann fallen die Schatten hinter dich.
ANONYM

Humanität besteht darin, daß nie ein Mensch
dem guten Zweck geopfert wird.
ALBERT SCHWEITZER

Ein fester Wille tut überall Wunder.
JOSEPH VON EICHENDORFF

Nicht auf das, was geistreich, sondern
auf das, was wahr ist, kommt es an.
ALBERT SCHWEITZER

Glück kommt nicht von außen;
Man muß es in sich selbst erkämpfen.
Daß man es erkämpfen kann, macht Mut.
ALEXANDER VON HUMBOLDT

Glück ist, auch das zu lieben,
was man tun muß,
und nicht nur das, was man tun will.
AUS ENGLAND

Ein jeglicher versucht sein Glück;
Doch schmal nur ist die Bahn zum Rennen.
Der Wagen rollt, die Achsen brennen.
Der Held dringt kühn voran,
der Schwächling bleibt zurück,
der Stolze fällt mit lächerlichem Falle.
Der Kluge überholt sie alle.
FRIEDRICH VON SCHILLER

Wer zu den Sternen reisen will,
der sehe sich nicht nach Gesellschaft um.
ANONYM

Nur die Sache ist verloren,
die man selber aufgibt.
GOTTHOLD EPHRAIM LESSING

Weich ist stärker als hart,
Wasser stärker als Fels,
Liebe stärker als Gewalt.
HERMANN HESSE

Es bekommt einer Sache besser,
wenn sich einer dafür erwärmt,
als wenn sich hundert dafür erwärmen.
ANONYM

Greift nur hinein ins volle Menschenleben!
Ein jeder lebt's, nicht vielen ist's bekannt,
und wo ihr's packt, da ist's interessant.
JOHANN WOLFGANG VON GOETHE

Je näher dem Sieg, desto schwerer der Kampf.
SPRICHWORT

Anstrengung ist die Gemüsebeilage zum Glück.
XENOPHON

Auf leisen Sohlen wandeln die Schönheit,
das wahre Glück und das echte Heldentum,
das den Sieg ermöglicht.
WILHELM RAABE

Nenne dich nicht arm, weil deine Träume
nicht in Erfüllung gegangen sind;
wirklich arm ist nur, der nie geträumt hat.
MARIE VON EBNER-ESCHENBACH

Es spielen viele, aber nur einer kann gewinnen.
SPRICHWORT

Das schwere Leben ist am leichtesten zu tragen,
wenn man sich schwere Aufgabe stellt.
PETER ROSEGGER

Wenn es einen Glauben gibt,
der Berge versetzen kann,
so ist es der Glaube an die eigene Kraft.
MARIE VON EBNER-ESCHENBACH

Das Glück hilft nur denen,
die sich selber helfen.
LATEINISCHE WEISHEIT

Am Ziel deiner Wünsche wirst du jedenfalls
eines vermissen: dein Wandern zum Ziel.
MARIE VON EBNER-ESCHENBACH

Schwimmer gegen den Strom
dürfen nicht erwarten,
daß dieser seine Richtung ändert.
STANISLAW JERZY LEC

Dem Mutigen lächelt das Glück.
SPRICHWORT

Auch Helden siegen nicht immer.
SPRICHWORT

Erfolg ist keiner der Namen Gottes.
MARTIN BUBER

Familie

Zu einer friedlichen Familie
kommt das Glück von selber.
AUS CHINA

Alles, was im Staat und in der Menschheit
gut ist, kommt von der Familie.
ADALBERT STIFTER

Ein bißchen Güte von Mensch zu Mensch
ist besser als alle Liebe zur Menschheit.
RICHARD DEHMEL

Die größte Gabe, die der Mensch
unter dem Himmel haben kann, ist:
Gut mit denen leben können,
mit denen er zusammen ist.
AEGIDIUS VON ASSISI

Kannst du Großes nicht tun,
so tue das Geringste mit Treue.
JOHANN CASPAR LAVATER

Die ärgsten Feinde der Hauptsache
sind die wichtigen Nebensachen.
FRIEDRICH VON BODELSCHWINGH

Wenn man sich an der Jugend reibt,
wird man selbst wieder jung.
JOHANN WOLFGANG VON GOETHE

Große Feuer leuchten weit,
aber die kleinen wärmen.
KARL HEINRICH WAGGERL

Es kommen im Leben mehr unerwartete,
wunderbare Dinge vor, und es wäre schlimm,
wenn alles im Gleise ginge.
JOHANN WOLFGANG VON GOETHE

Wer ein Warum zu leben hat,
erträgt fast jedes Wie.
ANONYM

Heiterkeit ist der Himmel,
unter dem alles gedeiht.
JEAN PAUL

Es ist ziemlich hart,
das Glück nie erreicht zu haben;
Sehr viel härter aber ist,
es wieder zu verlieren.
XENOPHON

Wahres Glück wird nicht geringer,
wenn man es anderen freigiebig zuteil werden läßt.
THEODOR FONTANE

Ein guter Wille ist die beste Würze.
JOHANN WOLFGANG VON GOETHE

Geliebt wirst du einzig,
wo du dich schwach zeigen darfst,
ohne Stärke zu provozieren.
THEODOR W. ADORNO

Eine Wende um 180 Grad ist für die meisten
zuviel auf einmal. Aber jeden Tag eine Hinwendung
zu denen, die uns lieben,
die uns brauchen, die uns suchen,
die nach uns verlangen.
ACTION 365

Das Wort, das dir hilft,
kannst du dir nicht selber sagen.
AUS ÄTHIOPIEN

Was morgen ist, auch wenn es Sorge ist –
ich sage Ja.
WOLFGANG BORCHERT

Wo man am meisten fühlt,
weiß man nicht viel zu sagen.
ANNETTE VON DROSTE-HÜLSHOFF

Fasten

Wenn wir echt fasten, werden wir gelöst,
werden wir frei... Wir werden neue Augen
für das Wunder bekommen, das uns umgibt.
PHIL BOSMANS

Faste, um zu sehen.
PHILOXENES

Fasten bringt zur Einkehr, zur Umkehr,
es führt Menschen zum Licht,
zu einem neuen Lebensstil.
PHIL BOSMANS

Fasten ist ein Weg zu mehr
Liebe und Solidarität.
Fasten ist ein Weg zu brüderlichem Teilen.
Denn auch das ist Liebe,
wenn man unter der Not anderer leidet.
PHIL BOSMANS

Manches Vergnügen besteht darin,
daß man mit Vergnügen darauf verzichtet.
PETER ROSEGGER

Wenn man auf nichts verzichtet,
bleibt der Blick getrübt und das Herz leer.
MAURICE BLONDEL

Fest, Glück und Freude

Eine Freude vertreibt hundert Sorgen.
AUS CHINA

Gott ist die Freude.
Darum hat er die Sonne
vor sein Haus gestellt.
FRANZISKUS VON ASSISI

Mensch, lerne tanzen, sonst wissen die Engel
nichts mit dir anzufangen.
AURELIUS AUGUSTINUS

Eine Welt ohne Freude und Liebe
ist eine wertlose Welt.
BERTRAND RUSSELL

Ein Leben ohne Feste ist eine
weite Reise ohne Gasthaus.
DEMOKRIT

Der Mensch ist nicht zum Vergnügen,
sondern zur Freude geboren.
PAUL CLAUDEL

Einfach sich freuen ist wichtiger
als alle materiellen Errungenschaften.
CHARLES A. LINDBERGH

Des Lebens ungemischte Freude
wird keinem Irdischen zuteil.
FRIEDRICH VON SCHILLER

Das Fröhlichsein ist eine Pflicht,
die sonderlich Christen zukommt.
MARTIN LUTHER

Viele Menschen versäumen das kleine Glück,
weil sie auf das große vergeblich warten.
PEARL S. BUCK

Seine Freude in der Freude des andern
finden können, das ist das
Geheimnis des Glücks.
GEORGES BERNANOS

Humor ist keine Gabe des Geistes,
er ist eine Gabe des Herzens.
LUDWIG BÖRNE

Der Mensch ist ein zielstrebiges Wesen:
Er sucht das Glück.
MANÈS SPERBER

Das Paradies öffnet sich nur dem Lachenden.
AUS TIROL

Nur Pessimisten schmieden das Eisen,
solange es heiß ist.
Optimisten vertrauen darauf,
daß es nicht erkaltet.
PETER BAMM

Hebe die Tränen auf für den morgigen Tag.
CHARLES PÉGUY

Niemand kann mir nehmen,
was ich getanzt habe.
AUS SPANIEN

Heiterkeit und Freudigkeit ist der Himmel,
unter dem alles gedeiht.
JEAN PAUL

Viel Kälte ist unter den Menschen,
weil wir nicht wagen,
uns so herzlich zu geben, wie wir sind.
ALBERT SCHWEITZER

Vergessen Sie nie:
Das Leben ist eine Herrlichkeit.
RAINER MARIA RILKE

Spielen – unbeschwert in etwas vertieft sein.
JOHAN HUIZINGA

Das ist der Gastfreundschaft tiefster Sinn,
daß wir einander Rast geben auf dem Weg
nach dem ewigen Zuhause.
ROMANO GUARDINI

Das Geheimnis des Glücks liegt nicht im Besitz,
sondern im Geben.
Wer andere glücklich macht,
wird glücklich.
ANDRÉ GIDE

Auch der Kampf gegen die Traurigkeit
ist eine Tugend. Lache die Welt aus
und vertraue auf Gott.
JOHANN MICHAEL SAILER

Ein Lächeln ist oft das Wesentliche.
ANTOINE DE SAINT-EXUPÉRY

Vergeßt nicht – man benötigt nur wenig,
um ein glückliches Leben zu führen.
MARC AUREL

Man muß glücklich sein,
um glücklich zu machen.
Und man muß glücklich machen,
um glücklich zu bleiben.
MAURICE MAETERLINCK

Humor ist der Schwimmgürtel
auf dem Strom des Lebens.
WILHELM RAABE

Die Menschen verkommen,
wenn sie kein Feiertagskleid mehr anziehen.
THOMAS CARLYLE

In seinem Lachen liegt der Schlüssel,
mit dem wir den ganzen Menschen entziffern.
THOMAS CARLYLE

Es ist eine Lust zu leben.
ULRICH VON HUTTEN

Was kann der Schöpfer lieber sehen
als ein fröhliches Geschöpf!
GOTTHOLD EPHRAIM LESSING

Lernen wir besser uns freuen,
so verlernen wir am besten,
anderen wehe zu tun.
FRIEDRICH NIETZSCHE

Wer nicht genießt, wird bald ungenießbar.
ANONYM

Wir wundern uns nie über den Sonnenaufgang
einer Freude, sondern über den
Sonnenuntergang derselben.
JEAN PAUL

Was du auch tust, tu es in Fröhlichkeit;
dann tust du das Rechte und tust es recht.
AURELIUS AUGUSTINUS

Seine Freude in der Freude des anderen
finden zu können:
das ist das Geheimnis des Glücks.
GEORGES BERNANOS

Obwohl sie nicht hundert Jahre alt werden,
bereiten sich die Menschen
Sorge für tausend Jahre.
AUS CHINA

Das Lachen erhält uns vernünftiger
als der Verdruß.
GOTTHOLD EPHRAIM LESSING

Man weiß selten, was Glück ist.
Aber man weiß stets, was Glück war.
FRANÇOISE SAGAN

Für nichts ist der Mensch so wenig
geschaffen wie für das Glück,
und von nichts hat er so schnell genug.
PAUL CLAUDEL

In einer gottlosen Zeit muß man aber lustig sein.
Das ist Pflicht. Man entzieht
der Verzweiflung den Boden.
GILBERT KEITH CHESTERTON

Heiterkeit und Freudigkeit ist der Himmel,
unter dem alles gedeiht.
JEAN PAUL

Das Geheimnis des Glücks liegt darin,
gern zu tun, was man ohnehin tun muß.
ALDOUS HUXLEY

Es gibt kein unbedingtes und ungetrübtes Glück,
das länger als fünf Minuten dauert.
THEODOR FONTANE

Dort, wo du nicht bist,
da ist das Glück.
FRANZ SCHUBERT

Alles, was die Seele durcheinanderschüttelt,
ist Glück.
ARTHUR SCHNITZLER

Das Geheimnis des Glücks liegt nicht
im Besitz, sondern im Geben.
Wer andere glücklich macht, wird glücklich.
ANDRÉ GIDE

Die Seele ernährt sich von dem,
worüber sie sich freut.
AURELIUS AUGUSTINUS

Dem Glücklichen schlägt keine Stunde.
FRIEDRICH VON SCHILLER

Firmung und Konfirmation

Du bist von Gottes Hand beschirmt,
denn du bist heut gefirmt.
ANONYM

Danach sollst du trachten:
eig'ne Rechte mild zu üben,
fremde Rechte streng zu achten.
EMANUEL GEIBEL

Wenn ein Mensch mit Gott gut steht,
Der steht wohl, wenn's übel geht;
denn er kann die höchsten Gaben,
Vater, Bruder, Tröster haben.
FRIEDRICH VON LOGAU

Jesus Christus sagt: Ich bin der Weg,
die Wahrheit und das Leben.
JOHANNES 14,6

Jesus Christus sagt: Ich bin gekommen,
damit sie das Leben haben und es in Fülle haben.
JOHANNES 10,10

Ihr werdet die Kraft des Heiligen Geistes
empfangen, der auf euch herabkommen wird.
APOSTELGESCHICHTE 1,8

Die Frucht des Geistes aber ist Liebe, Freude,
Friede, Langmut, Freundlichkeit, Güte, Treue,
Sanftmut und Selbstbeherrschung.
GALATER 5,22–23

Ein Gramm Beispiel gilt mehr
als ein Zentner guter Worte.
FRANZ VON SALES

Das Glück liegt nicht in den Dingen,
sondern in der Art und Weise,
wie sie zu unsern Augen,
zu unserm Herzen stimmen.
JEREMIAS GOTTHELF

Wohl dem, der frei von Schuld und Fehle
bewahrt die kindlich reine Seele.
FRIEDRICH VON SCHILLER

Das wahre Glück besteht nicht in dem,
was man empfängt, sondern in dem,
was man gibt.
JOHANNES CHRYSOSTOMUS

Laß von brutalen Gewalten
nie Deine Seele knechten;
kannst Du nicht Recht behalten,
halte doch fest am Rechten.
PAUL HEYSE

Die Welt ist voll von Gottes Segen;
willst du ihn haben, ist er dein.
Du brauchst nur Hand und Fuß zu regen.
Du brauchst nur fromm und klug zu sein.
FRIEDRICH WILHELM WEBER

Kinder und Uhren dürfen nicht
beständig aufgezogen werden,
man muß sie auch gehen lassen.
JEAN PAUL

Komm, Heiliger Geist, der Leben schafft,
erfülle uns mit deiner Kraft.
Sende dein Licht und deine Wahrheit,
daß sie mich leiten zu deiner Wohnung
und ich dir danke, daß du mir hilfst.
PSALM 43,3

Man braucht sehr lange,
um jung zu werden.
PABLO PICASSO

Freundschaft

Der einzige Weg, einen Freund zu haben,
ist der, selber einer zu sein.
RALPH WALDO EMERSON

Seine Freunde zu erobern ist mehr wert,
als sich seinem Schmerz zu überlassen.
ANDRÉ GIDE

Über alles Glück geht der Freund,
der's fühlend erst erschafft, der's liebend mehrt.
FRIEDRICH VON SCHILLER

Keine Straße ist zu lang
mit einem Freund an der Seite.
ANONYM

Wer Freunde sucht, ist sie zu finden wert,
Wer keinen hat, hat keinen noch begehrt.
GOTTHOLD EPHRAIM LESSING

Ja, mein Guter, man hat von seinen
Freunden zu leiden gehabt.
JOHANN WOLFGANG VON GOETHE

Jedermann kann für die Leiden eines Freundes
Mitgefühl aufbringen. Es bedarf aber eines
wirklich edlen Charakters, um sich über
die Erfolge eines Freundes zu freuen.
OSCAR WILDE

Wirklich gute Freunde sind Menschen,
die uns genau kennen
und trotzdem zu uns halten.
MARIE VON EBNER-ESCHENBACH

Glück ist, Freunde zu haben.
AUS SCHOTTLAND

Doch, was alle Freundschaft bindet,
ist, wenn Geist zu Geist sich findet.
LUDWIG UHLAND

Freundschaft ist die Blüte eines Augenblicks
und die Frucht der Zeit.
AUGUST KOTZEBUE

Es sollt' ein Freund des Freundes Schwächen tragen.
WILLIAM SHAKESPEARE

Freundschaft besteht darin,
daß man einander nie im Stich läßt.
AUS DER MONGOLEI

Es kommt nicht darauf an, daß die Freunde
zusammenkommen, sondern darauf,
daß sie übereinstimmen.
JOHANN WOLFGANG VON GOETHE

Wer jedermanns Freund sein will,
der ist der meine nicht.
MOLIÈRE

Das Wesen der Freundschaft:
sich aufrichtig Ermahnungen geben
und sich einander auf den guten Weg führen.
KONFUZIUS

Ein wirklicher und aufrichtiger Freund
ist das größte Gut des Herzens,
das ein Mann auf dieser Erde haben kann.
Die Freundschaft schließt erst völlig
den Ring des Glücks.
ADALBERT STIFTER

Einem Kameraden hilft man.
Einem Kollegen mißtraut man.
Mit einem Freunde ist man albern.
PETER BAMM

Wir alle sind Möglichkeiten der Umformung
der Welt in Freundschaft.
JEAN CARDONNEL

Besser in der Tasche kein Geld
als ohne Freund in dieser Welt.
SPRICHWORT

Doch würdest du dem ärmsten Bettler gleich,
Bleibt dir ein Freundesherz, so bist du reich.
Und wer den höchsten Königsthron gewann
Und keinen Freund hat, ist ein armer Mann.
FRIEDRICH BODENSTEDT

Von seinen besten Freunden nichts verlangen,
ist eine goldene Regel der Freundschaft.
EMANUEL VON BODMAN

Die Sorge ist wie ein kostbarer Schatz,
den man nur guten Freunden zeigt.
AUS MADAGASKAR

Man kann die Menschen entbehren,
aber man bedarf eines Freundes.
AUS CHINA

Von allen Dingen, die das Glück des Lebens ausmachen, schenkt die Freundschaft uns den größten Reichtum.
EPIKUR

Es ist eine rechte Gottesgabe um einen weisen und sorgfältigen Freund.
FRIEDRICH VON SCHILLER

Um einen Freund zu sehen,
ist kein Umweg zu weit.
AUS RUSSLAND

Nicht für die kurze Zeit –
Freundschaft ist für die Ewigkeit.
DES KNABEN WUNDERHORN

Erst im Leiden weiß man es zu schätzen
und fühlt die Größe des Trostes,
einen guten Freund gefunden zu haben.
MARIE TH. GERHARDINGER

In unseren Freunden suchen wir,
was uns fehlt.
THORNTON WILDER

Suche die Freundschaft desjenigen,
der wenig Freunde hat.
Meide die Freundschaft desjenigen,
der keine Feinde hat.
MOHAMMED VON MAROKKO

Iß mit deinem Freund,
aber mach keine Geschäfte mit ihm.
AUS ARMENIEN

Ein gewisses Maß an Unkenntnis vom anderen
ist die Voraussetzung dafür,
daß zwei Menschen Freunde bleiben.
HERMANN BAHR

Wer von seinem Freunde nicht
Offenheit ertragen will,
wird sie einmal, ausgedrückt in
Worten des Hasses,
von seinem Feind ertragen müssen.
OTTO VON LEIXNER

Geburt und Kind

In allen Menschen, die uns täglich begegnen,
will Christus geboren werden,
in ihnen wachsen, leben, auferstehen.
CHIARA LUBICH

Alle lieben Engelein
sollen immer bei dir sein,
damit Böses vor dir flieht
und dir nie ein Leid geschieht.
ANONYM

Vor Gott muß man sich beugen,
weil er so groß ist,
vor dem Kinde, weil es so klein ist.
PETER ROSEGGER

Dein Geist wird dich leiten,
in jedem Augenblick das Rechte zu wirken.
JOHANN WOLFGANG VON GOETHE

So, wenn ich schaue in dein Antlitz mild,
Wo tausend frische Lebenskeime walten,
Da ist es mir, als ob Natur mein Bild
Mir aus dem Zauberspiegel vorgehalten.
ANNETTE VON DROSTE-HÜLSHOFF

Ihm ruhen noch im Zeitenschoße
Die schwarzen und die heitern Lose.
Der Mutterliebe zarte Sorgen,
bewachen seinen goldenen Morgen.
FRIEDRICH VON SCHILLER

Was eine Kinderseele aus
jedem Blick verspricht!
So reich ist doch an Hoffnung
ein ganzer Frühling nicht.
HEINRICH HOFFMANN VON FALLERSLEBEN

Wenn ich mir rechne, der Umgang mit
Kindern macht mich jung und froh.
JOHANN WOLFGANG VON GOETHE

Kinder sind eine Brücke zum Himmel.
AUS PERSIEN

So eng auch Freundschaft, Liebe und Ehe
Menschen verbindet: Ganz ehrlich meint jeder
es am Ende doch nur mit sich selbst
und höchstens noch mit seinem Kinde.
ARTHUR SCHOPENHAUER

Das Kind ist da, es ist passiert.
Man wünscht euch Glück, man gratuliert.
ANONYM

Ich liebe die Kinder, sagt Gott,
weil mein Bild in ihnen noch nicht getrübt ist.
MICHEL QUOIST

Jedes Kind ist ein eigenes Land.
SPRICHWORT

Kinder sind Gäste, die nach dem Weg fragen.
SPRICHWORT

Lieben lernt das Kind
nur durch Geliebtwerden.
HELMUT HOLTHAUS

Kinder sind wie Bücher.
Wir können in sie hineinschreiben
und aus ihnen lesen.
PETER ROSEGGER

Eine Ehe ohne Kind
ist eine Welt ohne Sonne.
SPRICHWORT

Jedes Kind bringt die Botschaft mit sich,
daß Gott die Menschheit
noch nicht aufgegeben hat.
RABINDRANATH TAGORE

Geburtstag

Gottes Segen, Himmels Walten
mögen euch gesund erhalten,
ein bißchen Glück, vergnügt und heiter,
bleibe ständig Dein Begleiter.
ANONYM

Das schönste, beste Los auf Erden
Soll heute dir gegeben werden:
Gesundheit, Glück, Geld und Gut,
Zufriedenheit und froher Mut.
ANONYM

Lebe, liebe, lache.
Auf diese Weise mache
dein neues Jahr zu einem Fest,
das dich dein Leben feiern läßt.
Es soll das neue Lebensjahr
Noch besser sein, wie's alte war.

Kummer, sei lahm! Sorge, sei blind!
Es lebe das Geburtstagskind.
THEODOR FONTANE

Zu deinem Geburtstag wünsch ich dir:
Nur Gutes komm zu deiner Tür.
Auf jedem Weg, zu jeder Zeit,
sei Gottes Segen dein Geleit.
AUS DEUTSCHLAND

Jeder Tag mag so gestaltet werden,
als ob er die Reihe der Tage beende
und das Leben restlos erfülle.
Wenn Gott uns dazu noch das Morgen schenkt,
so wollen wir es frohen Herzens hinnehmen.
SENECA

Nicht in die ferne Zeit verliere dich –
den Augenblick ergreife, der ist dein.
FRIEDRICH VON SCHILLER

Hebt man den Blick,
so sieht man keine Grenzen.
AUS JAPAN

Gesundheit, Lebenskraft und Lebenskunst

Gesundheit ist nicht alles,
aber ohne Gesundheit ist alles nichts.
ARTHUR SCHOPENHAUER

Je mehr Schwäche,
je mehr Lüge.
Die Kraft geht gerade.
JEAN PAUL

Lache heute,
morgen wird's ein anderes Lachen sein.
AUS SPANIEN

Man kann das Leben nur rückwärts verstehen,
aber man muß es vorwärts leben.
SÖREN KIERKEGAARD

Es ist nicht der unwichtigste Teil der Lebenskunst,
die schönen Dinge im Leben nicht aufhören,
sondern ausklingen zu lassen.
ELISABETH BERGNER

Im Glauben daran, daß es genügt,
so zu sein, wie man ist,
liegt der Schlüssel
zu einem befriedigenden Leben.
ELLEN SUE STERN

Lebenskünstler ist nicht,
wer nur Schwierigkeiten
beiseite räumen kann,
sondern wer an ihnen auch
zu wachsen versteht.
BERNHARD M. BARUCH

Die wahren Lebenskünstler
sind bereits glücklich,
wenn sie nicht unglücklich sind.
JEAN ANOUILH

Vorstellungskraft ist
wichtiger als Wissen.
ALBERT EINSTEIN

Unser Leben ist so,
wie unsere Gedanken es formen.
MARC AUREL

Man muß, solange man lebt,
lernen, wie man leben soll.
SENECA

Leben ist nicht genug,
sagte der Schmetterling.
Sonnenschein, Freiheit und
eine kleine Blume gehören dazu.
HANS CHRISTIAN ANDERSEN

Wir sollten die Dinge tun,
die Freude in unser Leben bringen.
Kein oberflächlicher Spaß,
sondern tiefe Erfüllung.
CARL SIMONTON

Es kommt nicht darauf an,
möglichst viel zu tun, sondern darauf,
möglichst viel zu sein.
ERICH FROMM

Optimismus kann man lernen.
MARTIN SELIGMAN

Wenn du keinen Traum hast,
wie kann er dann wahr werden?
RICHARD DIAMOND

Laß Freude dein Kompaß sein.
ANONYM

Wer langsam geht, geht weiter.
AUS SCHOTTLAND

Du muß genau wissen, was du willst,
um es auch zu erreichen.
HAZELLE GOODMAN

Mit ein bißchen Mut und viel Disziplin
kommt ein kleines Talent sehr, sehr weit.
KITTY CARLISLE HART

Der erste Schritt zur Lösung
eines Problems ist,
es jemandem zu erzählen.
JOHN PETER FLYNN

Beende den Tag und laß ihn los.
Du hast getan, was du konntest.
RALPH WALDO EMERSON

Vögel können fliegen,
weil sie völliges Vertrauen haben.
JAMES M. BARRIE

Manchmal ist es gesund,
alte Gewohnheit über Bord zu werfen.
BERTRAND RUSSELL

Wir müssen die Balance finden
zwischen dem, was andere von uns wollen,
und dem, was wir für uns selber brauchen.
JESSYE NORMAN

Es gibt ein Wort, das jedem als
praktische Lebensregel dienen könnte:
Gegenseitigkeit.
KONFUZIUS

Berührung heilt – den, der sie empfängt,
und den, der sie gibt.
KARL MENNINGER

Medizin bedarf des richtigen Zeitpunkts.
OVID

Wir brauchen einen Platz der Ruhe
und Schönheit für uns selbst.
ANNE WILSON SCHAEF

Die Seele nährt sich von dem,
woran sie sich freut.
AURELIUS AUGUSTINUS

Lachen ist Gymnastik
für die inneren Organe.
NORMAN COUSINS

Es kommt nicht darauf an,
daß wir lange leben,
sondern daß unser Leben
den rechten Inhalt hat.
EVA VON TIELE-WINCKLER

Wer mit Liebe im Garten arbeitet,
muß ein guter Mensch sein.
EVA IBBOTSON

Das Geheimnis des Lebens
ist die Balance.
INAYAT KHAN

In der Natur kannst du lernen,
daß du Teil eines wundervollen Ganzen bist.
MARILYN DIAMOND

Wenn Sie Ihren Gemüsegarten
ständig umgraben, wird niemals
etwas darin wachsen können.
JOHN O'DONOHUE

Die schönsten Blumen
wachsen im tiefen Wald.
MARY JONES

Die richtige Zeit zum Ausruhen ist dann,
wenn du sie nicht hast.
SYDNEY J. HARRIS

Eine heiße Suppe vertreibt alle Sorgen.
JÜDISCHES SPRICHWORT

Gesundheit ist Flexibilität –
die Kraft, Veränderungen
erfolgreich zu meistern.
FREDERIC FLACH

Der Feind kommt immer
aus der Richtung, in die du nicht guckst.
MARY SIMON

Die Hilfe des Doktors
ist nur der erste Teil der Heilung.
AUS FRANKREICH

Das Richtige tun ist besser
als zu viel tun.
SARAH BREATHNACH

Wenn du gehst – gehe,
wenn du sitzt – sitze.
ZEN-WEISHEIT

Tief in unserm Innern wohnt eine Führung,
der wir vertrauen können.
SHAKTI GAWAIN

Meditation ist Ziel und Weg zugleich.
JIDDU KRISHNAMURTI

Es geht mir am besten,
wenn ich »bei mir« bin.
MARY SIMONS

Wenn wir im Einklang
mit unserem Körper sind,
erzählt er uns, was er braucht.
HARVEY DIAMOND

Es ist der größte aller Irrtümer,
nichts zu tun, weil du nur wenig tun kannst.
Tu, was du kannst.
SYDNEY SMITH

Wir haben keine Rezepte
gegen Geburt und Tod,
außer sich an der Zeit
dazwischen zu erfreuen.
GEORGE SANTAYANA

Glückwünsche zu allen Gelegenheiten

In meinem Garten find ich
Viel Blumen, schön und fein,
Viel Kränze wohl draus wind ich,
Und tausend Gedanken bind ich
Und Grüße auch darein.
ANONYM

Hab' Sonne im Herzen,
ob's stürmt oder schneit,
ob der Himmel voll Wolken
oder die Erde voll Streit.
Hab' Sonne im Herzen,
dann komme, was mag,
es leuchtet voll Licht dir
der dunkelste Tag.
CÄSAR FLAISCHLEN

Verlerne nie, so schön zu lachen,
so wie du jetzt lachst, froh und frei.
Denn ein Leben ohne Lachen
ist wie ein Frühling ohne Mai.
ANONYM

Leicht zu leben ohne Leichtsinn,
heiter zu sein ohne Ausgelassenheit,
Mut zu haben ohne Übermut –
das ist Kunst des Lebens.
THEODOR FONTANE

Man kann das Leben schwerlich zu
leicht nehmen, aber leicht zu schwer.
CURT GOETZ

Die Leuchte des Geistes ohne Wärme
des Herzens wird oft zum Irrlicht.
PETER SIRIUS

Glücklich sind die Menschen,
wenn sie haben, was gut für sie ist.
SOKRATES

Herr, schenke mir Sinn für Humor,
gib mir die Gnade, einen Scherz zu verstehen,
damit ich ein wenig Glück kenne im Leben
und anderen davon mitteile.
THOMAS MORUS

Werde nie so reich an Geist,
daß arm du würdest am Herzen.
OTTO LUDWIG

Ein Heute ist besser
als zehn Morgen.
SPRICHWORT

Im Grunde sind es immer die Verbindungen
mit Menschen, die dem Leben seinen Wert geben.
WILHELM VON HUMBOLDT

Nicht mitzuhassen,
mitzulieben bin ich da.
SOPHOKLES

Lernen ist wie das Rudern
gegen den Strom.
Sobald man aufhört,
treibt man zurück.
BENJAMIN BRITTEN

Der Mensch kann sich von allem trennen,
nur nicht von der Hoffnung.
ILJA EHRENBURG

Wer das Gute, Wahre und Schöne
in seinem Herzen wohl begründet hat,
dem wird es nicht so leicht entrissen werden.
AUS CHINA

Es kann die Ehre dieser Welt
dir keine Ehre geben;
was dich in Wahrheit hebt und hält,
muß in dir selber leben.
THEODOR FONTANE

Sorge nicht um das, was kommen wird.
Weine nicht um das, was vergeht.
Aber sorge, dich nicht selbst zu verlieren,
und weine, wenn du dahintreibst
im Strom der Zeit,
ohne den Himmel in dir zu tragen.
FRIEDRICH SCHLEIERMACHER

Freude heißt die starke Feder
In der ewigen Natur.
Freude, Freude treibt die Räder
In der großen Weltenuhr.
FRIEDRICH VON SCHILLER

Genieß die Gegenwart mit frohem Sinn,
sorglos, was dir die Zukunft bringen werde;
doch nimm auch bittern Kelch mit Lächeln hin –
vollkommen ist kein Glück auf dieser Erde.
HORAZ

Heiterkeit und Freudigkeit
ist der Himmel,
unter dem alles gedeiht.
JEAN PAUL

Von Jahren zu Jahren
muß man viel Fremdes erfahren.
Du trachte, wie du lebst und leibst,
daß du immer derselbe bleibst.
JOHANN WOLFGANG VON GOETHE

Man sieht nur mit dem Herzen gut.
Das Wesentliche ist für die Augen unsichtbar.
ANTOINE DE SAINT-EXUPÉRY

Willst du immer weiter schweifen?
Sieh, das Gute liegt so nah.
Lerne nur das Glück ergreifen,
denn das Glück ist immer da.
JOHANN WOLFGANG VON GOETHE

Wir bleiben nicht gut,
wenn wir nicht immer besser
zu werden trachten.
GOTTFRIED KELLER

Blicke in dein Inneres!
Da drinnen ist eine Quelle des Guten,
die niemals aufhört zu sprudeln,
solange du nicht aufhörst nachzugraben.
MARC AUREL

Zehn Jahre lang Gutes tun ist nicht genug.
Einen Tag Böses tun ist zuviel.
AUS CHINA

Wer Großes vollbringen will, muß leben,
als ob er niemals sterben würde.
MARQUIS DE VAUVENARGUES

Das Leben eines Menschen ist
ein von Gotteshand geschriebenes Märchen.
HANS CHRISTIAN ANDERSEN

Ich habe dich so lieb!
Ich würde dir ohne Bedenken
eine Kachel aus meinem Ofen schenken.
JOACHIM RINGELNATZ

Haus und Hausbau

Glückselig ist, dessen Welt innerhalb des Hauses ist.
JOHANN WOLFGANG VON GOETHE

Gottes Ruh und Gottes Frieden
seien Euerm Haus beschieden.
SPRICHWORT

Dieses Haus steh in Gottes Hand.
Der Herr bewahre es vor Feuer und Brand,
und alle, die gehen aus und ein,
laß dir, o Herr, befohlen sein.
RICHTFESTSPRUCH

In diesem Haus soll Frieden wohnen,
verbannt seien Zank und Streit,
Mit Glück soll euch das Schicksal lohnen,
welch treue Freunde ihr uns seid.
HAUSSPRUCH

Tragt Glück hinein und Sorgen hinaus,
wünsch ich euch zum neuen Haus.
HAUSSPRUCH

Lang ersehnt, jetzt endlich wahr:
Ihr habt ein Haus! Wie wunderbar!
Es sei und bleibe euch allezeit
Glücksquelle der Gemeinsamkeit.

Denn Heiterkeit und holde Sitte,
wie Sommerluft, durchwehn dein Haus,
und, goldbeschuht, mit leisem Tritte
gehn Segensengel ein und aus.
EDUARD MÖRIKE

In jedes Haus, wo Liebe wohnt,
scheinen hinein Sonne und Mond,
und mag es groß sein oder klein,
es kommt der Frühling doch hinein.
HAUSSPRUCH

Dreimal umgezogen ist so gut
wie einmal abgebrannt.
BENJAMIN FRANKLIN

Zerstören geht schnell, aber das Bauen langsam.
AUS ARABIEN

Wohin gehen wir? Immer nach Hause.
NOVALIS

Diese Welt ist eine Brücke. Gehe hinüber,
aber baue nicht dein Haus darauf.
AUS INDIEN

Eigener Herd ist Goldes wert.
SPRICHWORT

In seinem Haus ist
selbst der Arme ein Fürst.
AUS DEM TALMUD

Am Neste kann man sehen,
was für ein Vogel darin wohnt.
SPRICHWORT

Heimat entdeckt man
erst in der Fremde.
SIEGFRIED LENZ

Da, wo die Herzen weit sind,
da ist das Haus nicht zu eng.
JOHANN WOLFGANG VON GOETHE

Gastsein ist gut. Heimkommen ist besser.
AUS GABUN

Wer sich überall zu Hause fühlt, ist nirgends daheim.
AUS RUSSLAND

Nicht da ist man daheim,
wo man seinen Wohnsitz hat,
sondern wo man verstanden wird.
CHRISTIAN MORGENSTERN

Den wahren Geschmack des Wassers
erkennt man erst in der Wüste.
AUS ISRAEL

Man sagt nichts Wesentliches über den Dom aus,
wenn man nur von den Steinen spricht.
ANTOINE DE SAINT-EXUPÉRY

Hochzeit und Ehe

Erst seit ich liebe, ist das Leben schön,
erst seit ich liebe, weiß ich, daß ich lebe.
THEODOR KÖRNER

Heiraten, eine Familie gründen,
alle Kinder, welche kommen, hinnehmen,
in dieser unsicheren Welt erhalten
und gar noch ein wenig zu führen,
ist meiner Überzeugung nach das Äußerste,
was einem Menschen überhaupt gelingen kann.
FRANZ KAFKA

Sein Herz zu verlieren ist die beste Art,
zu entdecken, daß man eines hat.
FLIEGENDE BLÄTTER

In einer guten Ehe ernennt einer den
anderen zum Beschützer seines Alleinseins.
RAINER MARIA RILKE

Wenn wie Ihr, zwei sich haben wirklich gern,
dann steht auch ihre Ehe unter einem guten Stern.
Wir wünschen Euch jedenfalls nur Sonne
und nach jedem Wölkchen wieder Wonne.
CÄSAR FLAISCHLEN

Weißt du, wo es keinen Herren
und keinen Diener gibt?
Wo eins dem andern dient,
wo eins den andern liebt.
FRIEDRICH RÜCKERT

Eheleute, die sich lieben,
sagen sich tausend Dinge,
ohne zu sprechen.
AUS CHINA

Die Liebe hemmet nichts;
sie kennt nicht Tür noch Riegel
und dringt durch alle sich;
sie ist ohn' Anbeginn,
schlug ewig ihre Flügel
und schlägt sie ewiglich.
MATTHIAS CLAUDIUS

In dem Maße, wie die Liebe in dir wächst,
wächst auch deine Schönheit;
denn die Liebe ist die Schönheit der Seele.
AURELIUS AUGUSTINUS

O glücklich, wer ein Herz gefunden,
das nur in Liebe denkt und sinnt
und, mit der Liebe treu verbunden,
sein schön'res Leben erst beginnt.
HEINRICH HOFFMANN VON FALLERSLEBEN

Die Ehe ist ein Kunstwerk der Liebe,
Werk des Könnens, an dem beide bauen,
ändern, korrigieren und neu gestalten –
ein ganzes Leben hindurch.
FRITZ LEIST

Wieviel du wünschen magst,
das Leben wird weitergehn.
Und Glück ist da nur,
so die Wünsche stille stehn.

FRIEDRICH RÜCKERT

Nichts ist zu schwer
für den, der liebt.

CICERO

Freiwillige Abhängigkeit ist der schönste Zustand –
und wie wäre der möglich ohne Liebe?

JOHANN WOLFGANG VON GOETHE

Liebe ist der Entschluß, das Ganze
eines Menschen zu bejahen, die Einzelheiten
mögen sein, wie sie wollen.

OTTO FLAKE

In der Ehe muß man einen unaufhörlichen
Kampf gegen ein Ungeheuer führen,
das alles verschlingt: die Gewohnheit.

HONORÉ DE BALZAC

Die Liebe ist ein Stoff, den die Natur gewebt
und die Phantasie bestickt hat.
VOLTAIRE

Die Liebe ist das Wohlgefallen am Guten;
das Gute ist der einzige Grund der Liebe.
Lieben heißt: jemandem Gutes tun wollen.
THOMAS VON AQUIN

Unsere Sehnsucht, ganz erkannt,
ganz verstanden und darin ganz geborgen zu sein,
zielt über jeden menschlichen Partner hinaus.
Sie zielt auf das ewige, allgegenwärtige Du.
PETER PAUL ALTHAUS

Wo liebend sich zwei Herzen einen,
nur eins zu sein in Freud und Leid,
da muß des Himmels Sonne scheinen
und heiter lächeln jede Zeit.
HEINRICH HOFFMANN VON FALLERSLEBEN

Liebhaben von Mensch zu Mensch:
das ist vielleicht das Schwerste,
was uns aufgegeben ist,
das Äußerste, die letzte Probe und Prüfung,
die Arbeit, für die alle andere Arbeit
nur Vorbereitung ist.
RAINER MARIA RILKE

Ein Augenblick der Geduld
kann vor großem Unheil bewahren,
ein Augenblick der Ungeduld
ein ganzes Leben zerstören.
AUS CHINA

Immer wieder klammert man sich
an das Liebgewonnene und meint,
es sei Treue, es ist aber bloß Trägheit.
HERMANN HESSE

Nimm das Leben als ein Fest. Genieße jeden
Tag mit der Frau, die du liebst,
solange dieses flüchtige Leben dauert,
das Gott dir geschenkt hat.
PREDIGER 9,8–9

Die Trauung ist in einer Stunde vollzogen,
aber man braucht ein ganzes Leben,
um verheiratet zu sein.
STANLEY JONES

Je glücklicher wir einen anderen machen,
umso glücklicher werden wir selbst.
LUDWIG FEUERBACH

Mit Mühen und Beschwerden
wird man allein fertig;
aber die Freude muß man
mit jemandem teilen.
HENRIK IBSEN

Niemand empfängt einen Segen
nur für sich selbst.
FRIEDRICH VON BODELSCHWINGH

Alles beginnt mit der Sehnsucht.
NELLY SACHS

Es geht in der Ehe nicht allezeit schnurgleich zu.
MARTIN LUTHER

Hände, die nicht streicheln dürfen, erstarren.
RUTH C. COHN

Die Ehe ist die exemplarische Bindung,
sie trägt uns in die große Gebundenheit,
und nur als Gebundene können wir
in die große Freiheit der Kinder Gottes gelangen.
MARTIN BUBER

Wer nicht eine Wegstrecke gemeinsamen
Lebens hinter sich hat,
kann nicht mit Vertrauen Wir sagen.
EUGEN ROSENSTOCK-HUSSEY

Gott erschuf den Menschen,
um jemanden zu haben,
dem er seine Liebe erweisen könne.
IRENÄUS VON LYON

Gott schenkt uns die Nüsse,
aber er knackt sie uns nicht auch noch auf.
AUS RUSSLAND

Alles wirkliche Leben ist Begegnung.
MARTIN BUBER

Die Ehe gibt dem Einzelnen Begrenzung
und dadurch dem Ganzen Sicherheit.
FRIEDRICH HEBBEL

Jahreswechsel, Silvester und Neujahr

Bald trifft das Jahr der zwölfte Schlag.
Dann dröhnt das Erz und spricht:
»Das Jahr kennt seinen letzten Tag,
und du kennst deinen nicht.«

ERICH KÄSTNER

Zum neuen Jahr ein neues Herze,
ein frisches Blatt im Lebensbuch.
Die alte Schuld sei ausgestrichen
und ausgetilgt der alte Fluch.

KARL GEROK

Mit der Freude zieht der Schmerz
Traulich durch die Zeiten.
Schwere Stürme, milde Weste,
Bange Sorgen, frohe Feste
Wandeln sich zur Seiten.

JOSEPH VON EICHENDORFF

Auch dieser März bringt Lerchenlieder.
Auch dieser Mai bringt Rosen wieder.
Auch dieses Jahr läßt Freuden blühn.
Zum neuen Jahr ein neues Hoffen.
Die Erde wird noch immer grün.

KARL GEROK

Das alte Jahr gar schnell entwich.
Es konnt sich kaum gedulden
und ließ mit Freuden hinter sich
den dicken Sack voll Schulden.

WILHELM BUSCH

Große Vorsätze zu großen Tugenden
haben geringe Bedeutung.

FRIEDRICH WILHELM FOERSTER

Einen vollen Beutel in dem Sack,
Einen guten Knaster von Tabak,
Einen vollen Krug mit frischem Bier
Wünsch ich, mein Freund, tagtäglich dir.
AUS SÜDMÄHREN

Ein neues Jahr nimmt seinen Lauf.
Die junge Sonne steigt herauf.
Bald schmilzt der Schnee, bald taut das Eis.
Bald schwillt die Knospe schon am Reis.
Bald werden die Wiesen voll Blumen sein,
die Äcker voll Korn, die Hügel voll Wein.
VOLKSGUT

Es kommt das Leid,
Es geht die Freud',
Es kommt die Freud',
Da geht das Leid –
Die Tage sind nimmer dieselben.
THEODOR STORM

Für den Optimisten ist das Leben kein Problem,
sondern bereits die Lösung.
MARCEL PAGNOL

Ein Optimist ist ein Mensch,
der die Dinge nicht so tragisch nimmt,
wie sie sind.
KARL VALENTIN

Ein guter Vorsatz scheint im Anfang toll...
JOHANN WOLFGANG VON GOETHE

Das Jahr ist nun zu Ende,
doch Deine Liebe nicht;
noch segnen Deine Hände,
noch scheint Dein Gnadenlicht.

Du heilest allen Schaden,
hilfst mir aus der Gefahr,
Du siehst mich an in Gnaden,
auch in dem neuen Jahr.
NEUJAHRSGEBET

Gut ist der Vorsatz, aber die Erfüllung schwer.
JOHANN WOLFGANG VON GOETHE

Habe ich nicht den Mut,
besser zu sein als meine Zeit,
so mag ich zerknirscht das Schimpfen lassen,
denn keine Zeit ist durchaus schlecht.

JOSEPH VON EICHENDORFF

Das neue Jahr sieht mich freundlich an,
und ich lasse das alte mit seinem Sonnenschein
und Wolken ruhig hinter mir.

JOHANN WOLFGANG VON GOETHE

Wird's besser? Wird's schlimmer?
fragt man alljährlich. Seien wir ehrlich:
Leben ist immer lebensgefährlich.

ERICH KÄSTNER

Wir danken Gott für seine Gnad,
mit der er uns behütet hat,
und bitten, daß er im neuen Jahr
vor allem Leid auch uns bewahr.

AUS ÖSTERREICH

Jubiläum

Mein sind die Jahre nicht,
die mir die Zeit genommen;
Mein sind die Jahre nicht,
die etwa möchten kommen;
Der Augenblick ist mein,
und nehm ich den in acht,
So ist der mein,
der Jahr und Ewigkeit gemacht.

ANDREAS GRYPHIUS

Am guten Alten in Treue halten;
Am kräftigen Neuen sich stärken und freuen,
wird niemand gereuen.

EMANUEL GEIBEL

Die Liebe, wenn sie neu,
braust wie ein junger Wein:
je mehr sie alt und klar,
je stiller wird sie sein.
ANGELUS SILESIUS

Freundschaft und Liebe erzeugen das Glück
des menschlichen Lebens.
Wie zwei Lippen den Kuß,
welcher die Seelen entrückt.
FRIEDRICH HEBBEL

Wer durch den Besitz des Guten glücklich
geworden ist, der ist wahrhaft glücklich.
Man muß keine weiteren Fragen mehr stellen,
warum er glücklich ist.
PLATON

Du weißt, mein Bester, daß ich nichts beschönige.
Deshalb vergiß nicht, was man sehr leicht vergißt:
Doppelt so alt wie Du heute geworden bist,
werden nur wenige.
ERICH KÄSTNER

Es gibt Menschen, mit denen zu leben
nicht leicht, und die zu lassen unmöglich ist.
THOMAS MANN

Freund, so du etwas bist,
so bleib doch ja nicht stehn:
Man muß aus einem Licht
fort in das andre gehn.
ANGELUS SILESIUS

Das Glück des tätigen Lebens
liegt im Wirken der Klugheit,
durch die der Mensch sich selbst
und andere regiert.
THOMAS VON AQUIN

Lebe mit deinem Jahrhundert,
aber sei nicht sein Geschöpf:
Leiste deinen Zeitgenossen,
aber was sie bedürfen,
nicht was sie loben.
FRIEDRICH VON SCHILLER

Das ist ewig wahr:
Wer nichts für andere tut,
tut nichts für sich.
JOHANN WOLFGANG VON GOETHE

Fröhlichkeit ist nicht die Flucht
vor der Traurigkeit,
sondern der Sieg über sie.
GORCH FOCK

Klage nicht, daß dir im Leben
ward vereitelt manches Hoffen.
Hat, was du gefürchtet eben,
doch auch meist dich nicht betroffen.
FRIEDRICH RÜCKERT

Ich will dem Schicksal in den Rachen greifen,
ganz niederbeugen soll es mich gewiß nicht. –
O, es ist so schön, das Leben tausendmal leben!
LUDWIG VAN BEETHOVEN

Welche Freude, wenn es heißt:
Alter, du bist weiß an Haaren,
blühend aber ist dein Geist.
GOTTHOLD EPHRAIM LESSING

Es ist gut, das Schicksal mit heiter bewundernder
Ruhe anzuschauen, das eigene auch.
THOMAS MANN

Es trägt wohl mancher Alte,
des Herz längst nicht mehr flammt,
im Antlitz eine Falte,
die aus der Kindheit stammt.
JULIUS HAMMER

Ich lebe mein Leben in wachsenden Ringen,
die sich über die Dinge ziehn.
Ich werde den letzten vielleicht nicht vollbringen,
aber versuchen will ich ihn.
RAINER MARIA RILKE

Gold und Lachen können
das Alter zur Jugend machen.
AUS DEM TALMUD

Staunen ist der erste Schritt zu einer Erkenntnis.
LOUIS PASTEUR

Keine Kunst ist's, alt zu werden,
es ist Kunst, es zu ertragen.
JOHANN WOLFGANG VON GOETHE

Daß alles vergeht,
weiß man schon in der Jugend;
Aber wie schnell alles vergeht,
erfährt man erst im Alter.
MARIE VON EBNER-ESCHENBACH

Erfahrung ist nicht das,
was einem Menschen geschieht,
sondern das, was er daraus macht.
ALDOUS HUXLEY

Liebe das Leben, und denk an den Tod.
Tritt, wenn die Stunde da ist, stolz beiseite.
Einmal leben zu müssen,
heißt unser erstes Gebot.
Nur einmal leben zu dürfen,
lautet das zweite.
ERICH KÄSTNER

Siehst du den stürmischen Wandel der Zeiten,
Magst du im stillen dich daran halten:
Die dringendsten Angelegenheiten
Sind die jahrtausendealten.
PAUL HEYSE

Ein Gedanke kann nicht erwachen,
ohne andere zu wecken.
MARIE VON EBNER-ESCHENBACH

Alle, die ihr Ernte wollt, setzet eine Hoffnung
nicht bloß voraus, sondern handelt nach ihr.
JEAN PAUL

Ruhig in der Freude und ruhig im Schmerz
und im Kummer ist der wahrhafte Mensch.
JOHANNES BRAHMS

Was wäre das Leben ohne Hoffnung?
Ein Funke, der aus der Kohle springt und verlischt,
und wie man bei trüber Jahreszeit einen Windstoß hört,
der einen Augenblick saust und dann verhallt,
so wäre es mit uns. Es lebte nichts,
wenn es nicht hoffte.
FRIEDRICH HÖLDERLIN

Du kannst dein Leben nicht verlängern
noch verbreitern, nur vertiefen.
GORCH FOCK

Menschen, die aus der Hoffnung leben,
sehen weiter. Menschen, die aus der Liebe leben,
sehen tiefer. Menschen, die aus dem Glauben leben,
sehen alles in einem anderen Licht.

LOTHAR ZENETTI

Nicht müde werden, sondern dem Wunder
leise wie einem Vogel die Hand hinhalten.

HILDE DOMIN

Kommunion

An deinem Tisch in Brot und Wein
werden wir zur Gemeinschaft gesammelt,
zum Leben gestärkt
und zum Dienst der Freude berufen.
DIETER STORK

Du gibst uns das Brot.
Du gibst uns deine Liebe.
Hilf uns, weiterzugeben,
was wir empfangen haben:
die Liebe und das Brot.
GÜNTER GUGGENBERGER

Das Brot ernährt dich nicht,
was uns im Brote speist,
ist Gottes ewges Wort,
ist Leben und ist Geist.
ANGELUS SILESIUS

Gott fragt nach der Wurzel,
nicht nach der Blume.
AURELIUS AUGUSTINUS

Lieben heißt, in dem anderen sich selbst erobern.
FRIEDRICH HEBBEL

Toleranz ist nicht möglich ohne Liebe.
ALBERT SCHWEITZER

Es ist ein köstlich Ding um die Liebe
und fürwahr ein großes Gut;
sie macht alles Schwere leicht
und trägt gleichmütig alles Ungleiche.
THOMAS VON KEMPEN

Einen Menschen lieben heißt, ihn so zu sehen,
wie Gott ihn gemacht hat.
FJODOR M. DOSTOJEWSKIJ

Dauerndes Glück ist nur
in Aufrichtigkeit zu finden.
GEORG CHRISTOPH LICHTENBERG

Liebe ist ein Alphabet, mit dem man
immer wieder zu buchstabieren anfängt.
BERND-LUTZ LANGE

Die Liebe läßt keinen Dritten ein.
SPRICHWORT

Wenn ein Paar Liebende einander versprechen,
daß sie aneinander denken wollen,
so versprechen sie sich eigentlich,
daß sie atmen wollen.
FRIEDRICH HEBBEL

Niemals wird es Rosen regnen;
wollen wir Rosen pflücken,
müssen wir Rosen pflanzen.
SPRICHWORT

Wer noch nicht den Schlaf der Geliebten
bewacht hat, weiß noch nicht,
wie wunderbar das Leben sein kann.
LEONHARD FRANK

Wo Liebe sich freut, da ist Fest.
JOHANNES CHRYSOSTOMUS

Es ist das Herz, das gibt,
die Hände geben nur her.
SPRICHWORT

Ich will bei dir bleiben; denn wo du hingehst,
will auch ich hingehn; wo du bleibst,
da bleibe ich auch.
RUTH 1,16

Die Liebe erträgt alles, glaubt alles, hofft alles,
hält allem stand. Die Liebe hört niemals auf.
1 KORINTHER 13,7

Hoffen heißt:
An das Abenteuer der Liebe glauben,
Vertrauen zu den Menschen haben,
den Sprung ins Ungewisse tun
und sich ganz Gott überlassen.
DOM HELDER CAMARA

Alles Leid und alle Freude kommen aus der Liebe.
MEISTER ECKHART

Was aus Liebe getan wird,
geschieht immer jenseits
von Gut und Böse
FRIEDRICH NIETZSCHE

Jemanden lieben heißt, als Einziger
ein Wunder begreifen, das für alle
anderen unsichtbar bleibt.
FRANÇOIS MAURIAC

Die Liebe trägt die Seele,
wie die Füße den Leib tragen.
CATERINA VON SIENA

Liebe allein, nicht Haß, kann die Welt heilen.
YEHUDI MENUHIN

Wer den anderen liebt, läßt ihn gelten, so wie er ist,
wie er gewesen ist und wie er sein wird.
MICHEL QUOIST

Wer einen Menschen liebt, setzt für immer
seine Hoffnung auf ihn.
GABRIEL MARCEL

Krankheit, Schmerz und Leid

Der Mensch ist so gemacht, daß er weniger leidet,
wenn er ein größeres Leid sieht als das seine.
LÉON BLOY

Vielleicht heißt »leiden« nichts anderes,
als ein tieferes Leben zu führen.
ALEXANDER VINET

Wenn der Tag nicht hell ist, sei du heiter!
Sonne und froher Sinn sind Gottes Streiter.
FRIEDRICH RÜCKERT

Glück ist nur ein Augenblick.
Leid läßt sich mehr Zeit.
WOLFGANG BORCHERT

Wie dein Leiden sich mehrt,
so mehrt sich die Kraft,
es zu tragen.
JOHANN CASPAR LAVATER

Alles nimmt ein gutes Ende
für den, der warten kann.
LEO N. TOLSTOI

Ich glaube, daß Krankheiten Schlüssel sind,
die uns gewisse Tore öffnen können.
Denn ich glaube, es gibt gewisse Tore,
die nur Krankheit öffnen kann.
ANDRÉ GIDE

Krankheiten, besonders langwierige,
sind Lehrjahre der Lebenskunst
und der Gemütsbildung.
NOVALIS

Wenn es im Leben kracht,
ist Humor ein guter Stoßdämpfer.
PHIL BOSMANS

Gegen Schmerzen der Seele gibt es nur
zwei Arzneimittel: Hoffnung und Geduld.
PYTHAGORAS

Vom Unglück zieh' erst ab die Schuld;
was übrig ist, trag' in Geduld.
THEODOR STORM

Das Vermeiden von Wunden
fügt uns Verletzungen zu.
ANONYM

Hoffnung ist ein fester Stab
und Geduld ein Reisekleid,
da man mit durch Welt und Grab
wandert in die Ewigkeit.
FRIEDRICH VON LOGAU

Nur in der Tiefe der Seele, mit Hilfe jener Kraft,
die stärker ist als alle Vernünftigkeit,
kann Trost und Ruhe gefunden werden.
WILHELM BUSCH

Die Krankheit ist ein Hindernis für den Körper,
nicht für den Willen,
sofern dieser es nicht selbst so will.
EPIKTET

Nicht an die Güter hänge dein Herz,
die das Leben vergänglich zieren,
wer besitzt, der lerne verlieren,
wer im Glück ist, der lerne Schmerz.
FRIEDRICH VON SCHILLER

Das Gebrechen kommt kiloweise
und geht grammweise.
AUS RUSSLAND

Reich ist man nicht durch das, was man besitzt,
sondern mehr noch durch das,
was man mit Würde zu entbehren weiß.
EPIKUR

Das sind die Starken, die unter Tränen lachen,
eigene Sorgen verbergen und andre fröhlich machen.
FRANZ GRILLPARZER

Wohl dem, der gelernt hat, zu ertragen,
was er nicht ändern kann,
und preiszugeben mit Würde,
was er nicht retten kann.
FRIEDRICH VON SCHILLER

Tapfer ist, wer im Leiden, gleich welcher Art,
immer getrosten Mutes bleibt.
AMBROSIUS VON MAILAND

Eine Freude vertreibt hundert Sorgen.
AUS JAPAN

Klage nicht so sehr über einen kleinen Schmerz;
Das Schicksal könnte ihn
durch einen größeren heilen.
FRIEDRICH HEBBEL

Die Sonne blickt mit hellem Schein
So freundlich in die Welt hinein.
Mach's ebenso, sei heiter und froh.
JOHANN GOTTFRIED HERDER

Schon verloschen sind die Stunden,
Hingeschwunden Schmerz und Glück;
Fühl es vor: du wirst gesunden!
Traue neuem Tagesblick!
JOHANN WOLFGANG VON GOETHE

Das Leiden ist die Feuerprobe des Geistes.
FERDINAND EBNER

Das Heilen Gottes ist
immer ein äußeres Wehtun.
ADOLF KOLPING

Das Leiden soll uns in die Höhe tragen.
ANSELM VON CANTERBURY

Unglück ist auch gut. Ich habe viel
in der Krankheit gelernt, das ich niemals
in meinem Leben hätte lernen können.
JOHANN WOLFGANG VON GOETHE

Krankheit ist der Anruf der Wahrheit an uns.
REINHOLD SCHNEIDER

Harre, hoffe. Nicht vergebens
Zählest du der Stunden Schlag:
Wechsel ist das Los des Lebens,
und – es kommt ein andrer Tag.

THEODOR FONTANE

Jede dunkle Nacht hat ein helles Ende.

AUS PERSIEN

Es gibt keine Haltung, die dem Menschen unmöglicher ist, außer durch ein Christuswunder, als die Bejahung des Leidens.

PAUL TOURNIER

Alle Torheit ist ein Umweg zur Klugheit,
aller Schmerz ein Umweg zur Freude.

LUDWIG GANGHOFER

Es gibt kein fremdes Leid.

KONSTANTIN SIMONOW

Eine Not kann dir mehr nützen
als tausend Freuden.
BONAVENTURA

Das Leiden muß getragen werden,
damit es vorübergeht.
DIETRICH BONHOEFFER

Ich weinte, weil ich keine Schuhe hatte,
bis ich einen sah, der keine Füße hatte.
HELEN KELLER

Der Gesunde hat tausend Wünsche,
der Kranke nur einen einzigen:
wieder gesund zu werden.
ANONYM

Größer als eine Krankheit heilen:
sie hinzunehmen und diese Hinnahme
mit einem anderen zu teilen.
THORNTON WILDER

Wir kommen nie aus der Traurigkeit heraus,
wenn wir uns ständig den Puls fühlen.
MARTIN LUTHER

Lebenswende und Lebensabschnitt

Wer mit dem Leben spielt,
kommt nie zurecht,
wer nicht sich selbst befiehlt,
bleibt immer Knecht.
JOHANN WOLFGANG VON GOETHE

Die Liebe allein versteht das Geheimnis,
andere zu beschenken
und dabei selbst reich zu werden.
CLEMENS BRENTANO

Angst vor morgen
kommt immer einen Tag zu früh.
PHIL BOSMANS

Ford're kein lautes Anerkennen!
Könne was, und man wird Dich kennen.
PAUL HEYSE

Wer im zwanzigsten Jahr nicht schön,
im dreißigsten nicht stark,
im vierzigsten nicht klug,
im fünfzigsten nicht reich ist,
der darf danach nicht hoffen.
MARTIN LUTHER

Laß doch die Zukunft noch schlafen,
wie sie es verdient.
Wenn man sie nämlich vorzeitig weckt,
bekommt man dann eine verschlafene Gegenwart.
FRANZ KAFKA

Alle Entwicklung ist bis jetzt nichts weiter
als ein Taumeln von einem Irrtum in den anderen.
HENRIK IBSEN

Erfahrung ist nicht das,
was mit einem Menschen geschieht,
sondern das, was er daraus macht.
ALDOUS HUXLEY

Erfahren muß man stets,
Erfahrung wird nie enden,
und endlich fehlt die Zeit,
Erfahrenes anzuwenden.
FRIEDRICH RÜCKERT

Es ist nicht genug, zu wissen,
man muß es auch anwenden;
es ist nicht genug, zu wollen,
man muß es auch tun.
JOHANN WOLFGANG VON GOETHE

Tue deine Pflicht,
bis sie dir zur Freude wird.
MARIE VON EBNER-ESCHENBACH

Was zagst du, Herz, in solchen Tagen,
wo selbst die Dornen Rosen tragen?
LUDWIG UHLAND

Keiner ist Meister geworden,
dem nicht auch mal ein Werk mißlang.
AUS RUSSLAND

Wir sind um so stärker,
je mehr wir das Leben anerkennen,
je mehr wir im Innersten mit dem einig sind,
was uns von außen geschieht.
HERMANN HESSE

Ich denke, jeder müsse bei sich selber anfangen
und zunächst sein eigenes Glück machen,
woraus denn zuletzt das Glück des Ganzen
unfehlbar entstehen wird.
JOHANN WOLFGANG VON GOETHE

Lernen und nicht denken ist nichtig.
Denken und nicht lernen ist gefährlich.
KONFUZIUS

Genug weiß niemand,
zuviel so mancher.
MARIE VON EBNER-ESCHENBACH

Arbeit und Fleiß, das sind die Flügel,
die führen über Strom und Hügel.
JOHANN FISCHART

Nicht, wer wenig hat,
sondern wer viel wünscht, ist arm.
SENECA

Das sind die Weisen,
die durch Irrtum zur Wahrheit reisen.
Die bei dem Irrtum verharren,
das sind die Narren.
FRIEDRICH RÜCKERT

Ein Mensch kann nicht alles wissen,
aber etwas muß jeder haben,
was er ordentlich versteht.
GUSTAV FREYTAG

Ein stolzer Mensch verlangt von sich
das Außerordentliche.
Ein hochmütiger Mensch schreibt sich viel zu.
MARIE VON EBNER-ESCHENBACH

Drei Dinge machen den Meister:
Wissen, Können und Wollen.
SPRICHWORT

Nur wer an die Zukunft glaubt,
glaubt an die Gegenwart.
AUS BRASILIEN

Man darf das Schiff nicht an einen
einzigen Anker und das Leben nicht
an eine einzige Hoffnung binden.
EPIKTET

Es gibt wenig ganz außerordentliche Menschen,
aber ein jeder hat einen Zeitpunkt des Lebens,
wo er sich selbst übertrifft,
und von diesem muß man Gebrauch machen.
CARL VON CLAUSEWITZ

Frisch gewagt ist halb gewonnen,
halb schon ist das Werk vollbracht.
JOHANN WOLFGANG VON GOETHE

Die wahren Lebenskünstler sind bereits glücklich,
wenn sie nicht unglücklich sind.
JEAN ANOUILH

Das Staunen ist eine Sehnsucht nach Wissen.
THOMAS VON AQUIN

Lust und Liebe sind Fittiche
zu großen Taten.
JOHANN WOLFGANG VON GOETHE

Mensch, es wohnen dir zwei Seelen in der Brust.
Such nicht eine auszuwählen,
da du beide haben mußt.
BERTOLT BRECHT

Tätigkeit verlangt Opfer,
ein Opfer verlangt Liebe,
und so muß sich die Tätigkeit
auf wahre innige Menschenliebe gründen.
HEINRICH VON KLEIST

Liebe

Um die Liebenden ist lauter Sicherheit.
RAINER MARIA RILKE

Wenn die Liebe zu rechnen anfängt,
ist es keine Liebe mehr.
FERDINAND VON OLIVIER

Nicht lieben, das ist die Hölle.
GEORGES BERNANOS

Nichts gibt es im Himmel und auf Erden,
das die Liebe nicht schenken könnte.
PAUL CLAUDEL

Nichts ist schwer für den, der liebt.
ANONYM

Einen Menschen lieben heißt einzuwilligen,
mit ihm alt zu werden.
ALBERT CAMUS

Die Liebe allein versteht das Geheimnis,
andere zu beschenken
und dabei selbst reich zu werden.
CLEMENS BRENTANO

Liebe ist der Triumph der Phantasie
über die Erfahrung.
BLAISE PASCAL

Im Wörterbuch der Liebe existiert
das Wort »unmöglich« nicht.
ROBERT MÄDER

Liebe ist das einzige, was wächst,
wenn wir es verschwenden.
RICARDA HUCH

Die Liebe lebt von liebenswürdigen Kleinigkeiten.
THEODOR FONTANE

Jeder geliebte Mensch ist
der Mittelpunkt eines Paradieses.
NOVALIS

Ich danke einem Menschen für sein So-Sein, dafür,
daß er mich liebt, daß es ihn für mich gibt.
ANONYM

Wo ich dein bin, bin ich erst ganz mein.
MICHELANGELO

Ein Tropfen Liebe ist mehr als ein Ozean
an Willen und Verstand.
BLAISE PASCAL

Ich will geliebt sein, oder ich will
begriffen sein – das ist eins.
BETTINA VON ARNIM

Man muß nur ein Wesen recht
von Grund aus lieben! Da kommen einem
die übrigen alle liebenswürdig vor.
JOHANN WOLFGANG VON GOETHE

Lieben heißt:
eine Wohnstatt für den andern sein.
ÄGID VAN BROECKHOVEN

Entscheide dich immer für die Liebe.
Wenn du dich ein für allemal entschlossen hast,
so wirst du die ganze Welt bezwingen.
Die dienende Liebe ist eine fruchtbare Kraft;
sie ist die allergrößte Kraft,
und ihresgleichen gibt es nicht.
FJODOR M. DOSTOJEWSKIJ

Laß die Wurzel unseres Handelns Liebe sein,
senke sie in unser Wesen tief hinein;
laß doch alles hier auf Erden Liebe werden!
PAUL KAESTNER

Liebe erweckt wieder Liebe.
TERESA VON AVILA

Die Erfahrung lehrt uns,
daß Liebe nicht darin besteht,
daß man einander ansieht,
sondern daß man in die gleiche Richtung blickt.
ANTOINE DE SAINT-EXUPÉRY

Du fragst mich nach einem Mittel,
die Vollkommenheit zu erreichen.
Ich kenne nur eines: die Liebe.
Dazu ist unser Herz geschaffen.
THERESE VON LISIEUX

Liebe von ganzem Herzen –
und dann tue, was du willst.
AURELIUS AUGUSTINUS

Die Liebe schlägt gering an, was sie gibt,
hoch, was sie verschuldet,
und bedarf einer großen Vergebung.
CONRAD FERDINAND MEYER

Jemanden lieben heißt,
als einziger ein Wunder begreifen,
das für alle andern unsichtbar bleibt.
FRANÇOIS MAURIAC

Liebe ist erst dann Liebe,
wenn keine Gegenliebe erwartet wird.
ANTOINE DE SAINT-EXUPÉRY

Wer den lebendigen Gott von Angesicht
zu Angesicht sehen will, soll ihn nicht am
leeren Firmament seiner Gedankenwelt suchen,
sondern in der Menschenliebe.
FJODOR M. DOSTOJEWSKIJ

Wo es Liebe regnet,
wünscht sich keiner einen Schirm.
AUS DÄNEMARK

Die Liebe macht die krummen Dinge gerade.
KATHARINA VON GENUA

Wo man Liebe sät, wächst Freude empor.
HANS WALLHOF

Glück ist Liebe, nichts anderes.
Wer lieben kann, ist glücklich.
HERMANN HESSE

Alle Liebe hat einen großen Weg vor sich,
der Haß steht immer vor einer Wand.
LUDWIG REEG

Muttertag

Der Himmel ist zu
den Füßen der Mutter.
AUS PERSIEN

Eine glückliche Mutter ist für die Kinder segensreicher
als hundert Lehrbücher über die Erziehung.
JOHANN HEINRICH PESTALOZZI

Die Mutter trägt im Leibe das Kind drei Vierteljahr;
Die Mutter trägt auf Armen das Kind
weils schwach noch war;
Die Mutter trägt im Herzen die Kinder immerdar.
FRIEDRICH VON LOGAU

Da Gott nicht alles allein machen wollte,
schuf er die Mütter.
SPRICHWORT

Hast du die Mutter gesehen,
wenn sie süßen Schlummer dem Liebling kauft
mit eigenem Schlaf und für das Träumende sorgt,
mit dem eigenen Leben ernährt die zitternde Flamme
und mit Sorge selbst sich für die Sorge belohnt?
FRIEDRICH VON SCHILLER

Krone des Lebens,
Glück ohne Ruh,
Liebe, bist du.
JOHANN WOLFGANG VON GOETHE

Was wir brauchen, um frei zu sein,
ist die Liebe, die die Kraft hat,
die Last der Welt freudig zu tragen.
RABINDRANATH TAGORE

Keine Weisheit, die auf Erden gelernt
werden kann, vermag uns das zu geben,
was ein Wort, ein Blick der Mutter gibt.
WILHELM RAABE

Zum heutigen frohen Feste
wünsch ich von Herzen dir
das Schönste und das Beste
und deine Liebe mir.
Nimm meinen Wunsch
aus reinem Sinn
und treuer Liebe
freundlich hin.
VOLKSGUT

In der Natur ist keine Freude so erhaben
und rührend wie die Freude einer Mutter
über das Glück ihres Kindes.
JEAN PAUL

Kein Füllhorn, das von allen Schätzen regnet,
ist reicher als die Mutterhand, die segnet.
ANASTASIUS GRÜN

Treues Wirken, reines Lieben
Ist das Beste stets geblieben.
JOHANN WOLFGANG VON GOETHE

Schmerz ist der Vater
und Liebe die Mutter der Weisheit.
LUDWIG BÖRNE

Das Haus ist die Pflanzschule
künftiger Geschlechter.
Es ist also die Mutter nicht nur Gebärerin
des Leibes ihrer Kinder, sondern sie ist auch
die Leiterin ihrer Seelen,
sie prägt die ersten Eindrücke derselben ein.
JEREMIAS GOTTHELF

Eine Frau mit Charakter, die ihren Platz,
sei er, welcher er wolle, zu behaupten weiß,
imponiert in der Regel
und hat eigene Gewalt in ihrem Munde,
ihre Worte scheinen zehnmal mehr
zu wiegen als Mannesworte.
JEREMIAS GOTTHELF

Eine Mutter erreicht mehr als hundert Lehrer.
AUS AFRIKA

Mütter verstehen, was Kinder nicht sagen.
JIDDISCHES SPRICHWORT

Die drei schönsten Dinge,
die ein Mensch sehen kann:
Ein blühendes Kartoffelfeld,
ein Schiff unter vollen Segeln
und eine Mutter mit einem neugeborenen Kind.
AUS IRLAND

Nichts geht über ein Herz,
von dem man mit Gewißheit weiß,
daß es einzig und unwandelbar an uns hängt
und keine Faser Falschheit und Eigensucht hat.
ADALBERT STIFTER

Das ist nicht Liebe,
die nicht immer liebt.
EURIPIDES

Eine rechte Mutter sein,
das ist ein schwer Ding,
es ist wohl die höchste
Aufgabe im Menschenleben.
JEREMIAS GOTTHELF

Mit einer Kindheit voll Liebe
Kann man ein halbes Leben hindurch
Für die kalte Welt haushalten.
JEAN PAUL

Je schlimmer die Zeiten,
desto besser müssen die Eltern sein.
JEAN PAUL

Wenn du noch eine Mutter hast,
So danke Gott und sei zufrieden;
Nicht allen auf dem Erdenrund,
Ist dieses Glück beschieden.
FRIEDRICH WILHELM KAULISCH

Das Mutterherz ist ein Abgrund,
auf dessen Boden sich immer
noch ein Verzeihen findet.
HONORÉ DE BALZAC

Nachbarn und Bekannte

Besser ein Nachbar über der Mauer
als ein Bruder über der See.
AUS ALBANIEN

Liebe deinen Nachbarn,
reiß aber den Zaun nicht ein.
SPRICHWORT

Das Gesetz kann niemand zwingen,
seinen Nächsten zu lieben,
aber es kann es schwieriger für ihn machen,
seinem Haß Ausdruck zu geben.
NEIL LAWSON

Klopft die Not an,
so tut die Liebe die Tür auf.
SPRICHWORT

Es gibt immer Leute, die meinen, das Gras
auf der anderen Seite des Zaunes sei grüner.
ALEXANDER SOLSCHENIZYN

Nicht da ist man daheim,
wo man seinen Wohnsitz hat,
sondern da, wo man verstanden wird.
CHRISTIAN MORGENSTERN

Auf der Welt lebt keiner vergebens,
der die Bürde der anderen leichter gemacht hat.
HELEN KELLER

Kein Mensch ist so reich,
daß er nicht seinen Nachbarn brauchte.
AUS UNGARN

Setzt eure Zelte weit auseinander,
aber nähert eure Herzen.
AUS ARABIEN

Die Heimat ist, wo man dich gerne erscheinen,
ungern wandern sieht.
EMIL RITTERHAUS

Tages Arbeit! Abends Gäste!
Saure Wochen! Frohe Feste!
Sei dein künftig Zauberwort.
JOHANN WOLFGANG VON GOETHE

Man sollte dem anderen die Wahrheit
wie einen Mantel hinhalten,
daß er hineinschlüpfen kann,
und sie ihm nicht wie einen nassen Lappen
um die Ohren schlagen.
MAX FRISCH

Die gute Tat, das schöne Wort,
es strebt unsterblich.
JOHANN WOLFGANG VON GOETHE

Was der Welt am meisten fehlt, sind Menschen,
die sich mit den Nöten anderer beschäftigen.
ALBERT SCHWEITZER

Kein Weg ist so weit im ganzen Land
als der von Herz und Kopf zur Hand.
FRIEDRICH BODENSTEDT

Wir gehen oft nebeneinander her,
jeder in seinem Schweigen befangen,
oder man wechselt Worte,
denen man nichts mitgibt.
ANTOINE DE SAINT-EXUPÉRY

Einsamkeit wird nicht dadurch überwunden,
daß man auf das Geschenk der
Gemeinschaft wartet, sondern dadurch,
daß man andern Gemeinschaft
und Sinn anbietet und gibt.
ABRAHAM J. HESCHEL

Fünf Minuten Hilfe ist besser als zehn Tage Mitleid.
AUS RUMÄNIEN

Ein Mensch ist ein richtiger Mensch
nur als Mitmensch.
YVES CONGAR

Den Nächsten lieben heißt
im Gedränge einer eng gewordenen
Gesellschaft nicht zuletzt:
sein Glück schützen.
JÖRG ZINK

Namenstag

Gott kennt mich
und ruft mich bei meinem Namen.
JOHN KARDINAL NEWMAN

Dein Name sei dein Leben,
drum ward er dir gegeben.
Er leite als ein Segen
dein ganzes Erdenleben.
ANONYM

Der Heilige, nach dem du heißt,
steht schützend dir zur Seite
und gibt auch in der größten Not
dir schützend sein Geleite.
ANONYM

Heut an deinem Namenstage
wünsche ich das Beste dir,
daß dein Herz stets für mich schlage,
mein Liebling, wünsch ich mir.
ANONYM

Reise, Ferien und Urlaub

Reisen lern ich wohl auf dieser Reise,
ob ich leben lerne, weiß ich nicht.
JOHANN WOLFGANG VON GOETHE

Wo man singet, laß dich ruhig nieder,
ohne Furcht, was man im Lande glaubt;
wo man singet, wird kein Mensch beraubt:
Bösewichter haben keine Lieder.
JOHANN GOTTFRIED SEUME

Wer reisen will, der schweig fein still,
nehm wenig mit, geh steten Schritt,
steh frühe auf am Morgen
und laß daheim die Sorgen.
JOHANN MICHAEL MOSCHEROSCH

Ich wünsch dir einen breiten Weg
und ganz wenig Steine nur.
AUS POLEN

Dies zu wissen,
macht das Fortgehen leicht.
FRANZ MARC

Man muß nur in die Fremde gehen,
um das Gute kennenzulernen,
was man zu Hause besitzt.
JOHANN WOLFGANG VON GOETHE

Wer allzeit hinterm Ofen sitzt,
Grillen fängt und Hölzlein spitzt
und fremde Leute nie beschaut,
der bleibt ein Narr in seiner Haut.
HANS SACHS

Heute geh ich. Komm ich wieder,
Singen wir ganz andre Lieder.
Wo so viel sich hoffen läßt,
Ist der Abschied ja ein Fest.
JOHANN WOLFGANG VON GOETHE

Wir brauchen nicht so fortzuleben,
wie wir gestern gelebt haben.
Machen wir uns von dieser Anschauung los,
und tausend Möglichkeiten
laden uns zu neuem Leben ein.
CHRISTIAN MORGENSTERN

Ruhestand und Alter

Lebe so, als müßtest du morgen sterben,
und lebe gleichzeitig so,
als hättest du noch ungemessen Zeit.
Den Worten nach ist das ein Widerspruch,
in der Wirklichkeit geht es gut zusammen.
LUDWIG KÖHLER

Wer nichts verlangt, hat alles.
Wer alles tut verlangen,
der hat in Wahrheit noch nicht
einen Stiel empfangen.
ANGELUS SILESIUS

Das Alter hat die Heiterkeit dessen,
der seine Fesseln los ist
und sich nun frei bewegt.
ARTHUR SCHOPENHAUER

Der Herbst ist ein zweiter Frühling,
wo jedes Blatt zur Blüte wird.
ALBERT CAMUS

Herbst ist nur,
weil sich Frühling vorbereitet.
HANS URS VON BALTHASAR

Alte soll man ehren,
Junge soll man lehren,
Weise soll man fragen,
Narren vertragen.
AUS DEUTSCHLAND

Alt werden will jeder,
älter werden niemand.
SPRICHWORT

Ich werde älter und höre doch nicht auf,
immer noch viel zu lernen.
SOLON

Wer auf sich selber ruht, steht gut.
Wer sich an and're hält,
dem wankt die Welt.
PAUL HEYSE

Doppelt lebt,
wer auch Vergangnes genießt.
MARTIAL

Nicht der Mensch hat am meisten gelebt,
welcher die höchsten Jahre zählt,
sondern derjenige, welcher sein Leben
am meisten empfunden hat.
FRIEDRICH RÜCKERT

Es ist des Menschen würdiger, sich lachend
über das Leben zu erheben, als es zu beweinen.
SENECA

Alt ist man dann, wenn man
an der Vergangenheit mehr Freude hat
als an der Zukunft.
JOHN KNITTEL

Man muß auf anständige Weise verstehen,
älter zu werden,
um die Chance zu wahren,
jung zu bleiben.
THEODOR HEUSS

Was vergangen, kehrt nicht wieder,
aber ging es leuchtend nieder,
leuchtet's lange noch zurück.
KARL FÖRSTER

Im Alter gibt es keinen schönern Trost,
als daß man die ganze Kraft seiner Jugend
Werken einverleibt hat, die nicht mit altern.
ARTHUR SCHOPENHAUER

Es ist nie zu spät, das zu werden,
was man hätte sein können.
GEORGE ELIOT

In deinen Händen sind meine Zeiten,
mein ganzes Leben,
alle Tage, Stunden und Augenblicke.
MARTIN LUTHER

Es regnet viele Tropfen, ehe man Einsicht gewinnt,
und viele Jahre vergehen, ehe man weiser wird.
ADALBERT STIFTER

Man sollte die Dinge so nehmen, wie sie kommen.
Aber man sollte dafür sorgen,
daß die Dinge so kommen,
wie man sie nehmen möchte.
CURT GOETZ

Nicht jeder Mensch kann alles zu Ende tun;
aber zu Ende denken kann jeder.
WERNER BERGENGRUEN

Vieles kann der Mensch entbehren,
nur den Menschen nicht.
LUDWIG BÖRNE

Tue das Gute vor dich hin und bekümmere
dich nicht, was daraus werden wird.
Wolle nur eines, und das wolle von Herzen.
MATTHIAS CLAUDIUS

Niemand ist weise vom Mutterleib an;
Zeit und Erfahrung lehren hier
und fegen die Tenne.
MATTHIAS CLAUDIUS

Es gibt erfülltes Leben
trotz vieler unerfüllter Wünsche.
DIETRICH BONHOEFFER

Die Erinnerung ist das einzige Paradies,
aus welchem wir nicht vertrieben werden können.
Sogar die ersten Eltern waren nicht daraus zu bringen.
JEAN PAUL

Ein Mensch, das ist ein wenig gestern
und etwas Heute und unendlich viel Morgen.
MARTIN GUTL

Taufe

Herr Gott, schreib in das Buch des Lebens
unsres kleinen Täuflings Namen ein,
und laß ihn nicht vergebens
in deinem Namen getaufet sein.

TAUFSPRUCH

Taufe ist der erste stete Tropfen Gottes
auf den heißen Stein.

SIEGFRIED MACHT

Unser Wunsch ist wohl bedacht:
Für das sei immer frei und offen,
was das Leben sinnvoll macht:
Zu lieben, zu glauben, zu hoffen.
ANONYM

Drei Engel mögen dich begleiten
für deine ganze Lebenszeit.
Die Englein, die ich meine,
sind Frohsinn, Glück, Zufriedenheit.
VOLKSGUT

Ich bin berufen, etwas zu tun oder zu sein,
wofür kein anderer berufen ist.
Ich habe einen Platz in Gottes Plan auf dieser Erde.

Das Wasser, mit dem wir getauft werden,
löscht unseren Durst ein Leben lang.
ANONYM

Lasse dich von der Hand Gottes leiten wie ein Kind.
ARNOLD JANSSEN

Es gibt nichts Schöneres auf der Welt
als das Wirken der Gnade in einer Seele.
EDITH STEIN

Verlobung

Die Liebe ist das einzige Geschenk,
das um so größer wird,
je mehr man davon verschenkt.
ANONYM

Stets die Liebe siegt im Kampfe,
ist fest in der Verteidigung.
Wen der Himmel retten will,
den schützt er durch Liebe.
LAOTSE

Das ist schwer: ein Leben zu zwein.
Nur eins ist noch schwerer: einsam sein.
KURT TUCHOLSKY

Das eben ist der Liebe Zaubermacht,
daß sie veredelt, was ihr Hauch berührt,
der Sonne ähnlich, deren goldner Strahl
Gewitterwolken selbst in Gold verwandelt.
FRANZ GRILLPARZER

Beglückt, wer Treue rein im Busen trägt,
kein Opfer wird ihn je gereuen.
JOHANN WOLFGANG VON GOETHE

Wenn zwei Töne sind symphonisch,
klingt's zusammen hell und rein:
Zwei Naturen, die harmonisch,
wirken aufeinander ein.
AUS CHINA

Das ist das Größte, was dem Menschen
gegeben ist, daß es in seiner Macht steht,
grenzenlos zu lieben.
THEODOR FONTANE

Wonach das Herz verlangt,
gesteht der Mund nicht ein,
jedoch der Liebende
errät's auch aus dem Nein.
MOLIÈRE

Magst du zweifeln, daß die Sterne glühen,
magst du zweifeln, daß die Sonne sich bewegt,
magst die Wahrheit du für Lüge halten,
zweifle aber niemals an der Liebe.
WILLIAM SHAKESPEARE

Was die Liebe nicht bindet,
das ist schlecht gebunden,
und was die Treue nicht schirmt,
das beschirmt kein Eid.
ERNST MORITZ ARNDT

Wer je geliebt in Liebesarmen,
der kann im Leben nie verarmen.
THEODOR STORM

Es gibt keinen Fahrstuhl zum Glück.
Man muß die Treppe nehmen.
PHIL BOSMANS

Vertrauen

Das Vertrauen vermag alles,
es bewirkt Wunder.
THERESE VON LISIEUX

Nur eines ist wichtig: ob wir tapfer oder feige sind,
immer dort zu sein, wo Gott uns haben will,
und im übrigen ihm zu vertrauen.
GEORGES BERNANOS

Vertraue Gott, aber binde dein Kamel an.
AUS PERSIEN

Aus dem Zutrauen, das ich zu mir selbst habe,
wächst das Vertrauen, das ich in andere setze.
ANONYM

Gott heilt jedes gebrochene Herz,
wenn man ihm alle Stücke überläßt.
ANONYM

Nicht alle unsere Wünsche,
aber alle seine Verheißungen
erfüllt Gott.
DIETRICH BONHOEFFER

Verzeihen und Vergeben

Das Wort »Verzeihung« ist
die beste Münze im Haus.
AUS CHINA

Denn höher mag sich niemand zu heben,
als wenn er vergibt.
JOHANN WOLFGANG VON GOETHE

Liebe ist die Kraft, die verzeihen kann.
FRITZ LEIST

Wer seinen Nächsten verurteilt, kann irren.
Wer ihm verzeiht, irrt nie.
KARL HEINRICH WAGGERL

Indem wir verzeihen, wird uns verziehen.
FRANZISKUS VON ASSISI

Ich möchte dabeistehen können bei allen Aussöhnungen der Welt, weil keine Liebe uns so tief bewegt als die wiederkehrende.
JEAN PAUL

Liebende leben von der Vergebung.
MANFRED HAUSMANN

Es gibt keine Freiheit ohne gegenseitiges Verständnis.
ALBERT CAMUS

Der Mensch ist nie so schön,
als wenn er um Verzeihung bittet oder selbst verzeiht.
JEAN PAUL

Vergebung erhalten ist für mein Herz ebenso süß
als Dank verdienen, ja noch süßer,
denn die Empfindung ist uneigennütziger.
JOHANN WOLFGANG VON GOETHE

In der Verzeihung des Unverzeihlichen
ist der Mensch der göttlichen Liebe am nächsten.
GERTRUD VON LE FORT

Eine kleine Viertelwendung verwandelt unsre Welt.
ANTOINE DE SAINT-EXUPÉRY

Wer seine Lebensfreude wiederzugewinnen sucht,
für den ist Vergebung die wichtigste Aufgabe
und zugleich der Weg, inneren Frieden zu erlangen.
MARIE VON EBNER-ESCHENBACH

Wenn du unbedingt streiten willst,
überwirf dich mit dem Wind.
AUS JAPAN

Hat man sich mit jemandem entzweit,
so soll man vor Sonnenuntergang wieder Frieden schließen.

BENEDIKT VON NURSIA

Ehe man seine Vergangenheit nicht erträgt,
ist die Vergebung nicht recht geglaubt.

JOCHEN KLEPPER

Lizenzausgabe für den Cormoran Verlag 2000.
Gestaltung: Johannes Thiele.
Satz: Franzis print & media GmbH, München
Druck und Bindung: Graphischer Großbetrieb, Pößneck
ISBN 3-517-09060-3